떠나간 자리의 뒤처리

현대수필가100인선·45

떠나간 자리의 뒤처리

김영배 수필선

좋은수필사

■ 책머리에

　수필은 누구나 부담 없이 읽고, 마음만 먹으면 직접 쓸 수도 있는 가장 친근한 문학이다. 다른 영역의 문학이 영상매체에 밀려 신음하고 있는 중에도 수필 인구만은 날로 증가하여 바야흐로 수필 전성시대를 구가하고 있는 이유도 거기에 있을 것이다.
　시대적 추세에 힘입어 수많은 수필전문지, 수필동인지가 창간되고, 이에 비례하여 신진 수필가도 날로 늘어나다 보니 이제는 그 많은 작가, 그 많은 작품 중에서 문학성 높은 작품을 가려 읽는 일이 쉽지 않게 되었다. 이런 현상은 작가에게나 독자에게나 결코 바람직한 일이 아니다. 더 나아가서는 수필을 연구하는 후세들에게도 큰 부담이 될 것이다.
　이런 문제를 해결하는 데는 출판인도 마땅히 한몫을 감당해야 한다는 평소의 소신에 따라, 본사가 기꺼이 그 역할을 맡기로 했다. 그 첫 번째 사업으로 시대를 대표할 만한 수필가 100인을 선정하고, 작가가 자선한 40편 내외의 작품을 수록한 문고본을 발간하여 이를 널리 보급함으로써 그 소임을 다하고자 한다.
　본사는 사명감을 가지고 이 사업을 추진해 나가기로 했다. 작가 선정을 전담할 편집위원회를 구성하고 전권을 위임하여 일체의 사적인 정실이나 청탁을 배제함으로써 전문성과 공

정성을 확보해 나갈 것이다.

따라서 이 기획물 속에는 작가의 문학정신뿐만 아니라, 본사의 문학사적 기여 의지와 편집위원 제위의 수필문학에 대한 애정과 문인으로서의 양심이 함께 담겨 있음을 자부한다. 다만, 작가를 선정하는 기준에는 많은 견해의 차이가 있을 수 있고, 선정 과정에서도 미처 챙기지 못한 부분이 있을 것이라는 사실만은 인정하지 않을 수 없다. 이 점에 대해서는 관계자 여러분의 양해 있으시기 바란다.

이 시리즈의 발간 순서는 작가, 또는 본사의 사정에 의한 것일 뿐 그 밖의 어떤 기준도 적용하지 않았음을 밝힌다.

본 기획물이 시대를 초월한 많은 수필 애호가들의 관심과 애정 속에 우리나라 수필문학 발전에 한 이정표가 되기를 바랄 뿐이다.

2008년 9월

좋은수필 발행인　서 정 환
현대수필가 100인선 간행 편집위원　박 재 식　최 병 호
정 진 권　강 호 형
변 해 명

| 차례 | 현대수필가100인선·45

1_부

태초太初가 그리운 시절 • 12
하동땅 가는 길에 • 17
조약돌 • 22
행복의 소재 • 26
말씨와 품위 • 28
탓과 핑계의 버릇 • 31
떠난 자리의 뒤처리 • 33
김삿갓과 한석봉 • 35

2_부

나의 꽃 후리지아 • 40
살아있음에 새로이 솟는 • 45
산심山心 • 49
세 칸 토방집 별장에서 • 52
먼 바다, 그 바위섬들의 인상 • 57
깨달음을 위한 교훈 • 62
이름 석 자에 걸린 인생 • 66
땅 • 70

3_부

모나리자의 수난시대 • 76
고향에 돌아와도 • 81
파닥이는 상념想念 • 87
겨울바다 • 91
원형圓形의 철학 • 96
때늦은 참회의 통곡 • 102
토박이의 지역순례 • 107
국경 없는 사랑의 꽃 • 113

현대수필가100인선·45

4_부

| 웃으면 미워지니까 * 120
| 동학 계곡에서 * 125
| 궁남지宮南池에서 * 131
| 인연이며 인연이 아닌 인연 * 137
| 신무기여 잘 있거라 * 145
| 묘비명墓碑銘 * 151
| 5월이 열리는 뜨락에서 * 155
| 보리밭 * 160

■ 작가연보 * 165

1부

티초太初가 그리운 시절
하동땅 가는 길에
조약돌
행복의 소재
말씨와 품위
탓과 핑계의 버릇
떠난 자리의 뒤처리
김삿갓과 한석봉

태초太初가 그리운 시절

 눈이 내린다. 모처럼 눈다운 눈이 내리고 있다. 겨우내 눈도 비도 내리지 않아 내년 농사짓기 물 걱정을 하던 참인데, 정말 반가운 일이다.
 나는 고향 마을로 이어진 들길을 걸어 나섰다.
 논산천에 걸린 큰 다리는 내 나이와 똑같은 연륜을 지녔다. 길이 2백 미터가 넘는 다리를 건너서면 좌측으로 난 부여 길과, 우측으로 난 공주 길이 두 활개를 벌리고 광석들을 끌어안고 있다.
 바람막이 없이 툭 트인 들녘에서 흰 눈송이가 펄펄 날려와 내 가슴으로 안겨든다. 마치 영화 〈의사 지바고〉의 한 장면 같기도 하고, 가와바다 야스나리의 소설 《설국雪國》에서 보던 눈 더미를 떠올리게 한다.

통근차를 타기 위해 눈 내리는 새벽길을 걸어 나오던 이 길은 내 가슴에 많은 추억들을 안겨 주었다.

어머니는 장날마다 떡 목판을 이고 새벽시장 길을 함께 걸으셨다. 시장길목을 잘 잡아야 장사가 잘되므로, 그 자리를 선점하기 위해서는 서둘러 나오지 않으면 안 되었다.

내의도 못 입은 어머니 어깨 위로 하얀 눈이 소복소복 쌓일 때마다, 나는 장갑 낀 손으로 그 눈을 툴툴 털어 내렸다. 손수 뜨신 무명실 목도리를 목에 두른 어머니는 떡 목판 무게에 고개가 눌리면서도 잘도 걸으셨다. 그러다가 이따금 뒤따르는 나를 휘돌아보시곤, 웅크린 내 꼴이 춥게 보였던지 목도리를 풀어서 내게 건네주시며, "춥겠다. 이거 목에 두르고 가거라."고 하셨다. 그러나 나는 그 목도리를 도로 어머니 어깨에 걸쳐 드렸다. 그때마다 우르르 찬바람이 목덜미를 훑고 지나갔다.

문득 추위를 느끼며 점퍼의 깃을 세웠다. 두툼한 내의를 입고서도 그 위에 점퍼까지 걸쳤으니, 눈 위에 뒹군다 해도 끄떡없는 차림새다. 나는 내 말년을 이렇게 좋은 세상에서 살고 있다 생각하니, 고생만 하다 가신 어머니께 송구스런 마음이 든다. 눈송이가 내 눈 속으로 날아드는 바람에 나는 순간 끄먹끄먹 눈물을 흘렸다.

그 옛날 이 들길은 좁은 실낱 길이었다. 그 실낱 길이 요즘

넓은 길로 변해 버렸다. 농지정리 때 농기계들이 드나들 수 있도록 길을 넓힌 것이다. 가로 세로의 길이가 5, 6킬로쯤 되는 광활한 광석들. 그 들녘은 가난과 한숨이 배인 땅이기도 하다.

내가 시대의 회오리바람에 말려 직장에서 물러난 뒤에도 이 길을 가끔 걸었다. '미운 파리 잡다가 고운 파리 잡는다.'는 속담처럼, 나는 병종 불합격을 맞고 병역면제를 받았는데도, 5·16은 나를 그대로 놔두질 않았다. 나는 실직의 설움 속에서 호구지책을 강구하느라 고달픈 나날을 보내야 했다.

그러던 어느 날, 친구 박군이 나를 찾아왔다. 그는 자전거에 닭장을 싣고 시장마다 쫓아다니는 가난뱅이 소설가였다. 그 날도 오늘처럼 함박눈이 한 자 넘게 쌓여 있었다. 우리는 정종병에 막소주를 가득히 사 담아 가지고 이 들판을 무작정 걸어 나왔다. 생존권을 억울하게 박탈당했다는 분노와, 그간 아껴 쓰며 근근이 모아 놓은 쌀 몇 가마도, 모두 고리채 신고로 넘어가 살길이 막막하게 된 판이었다.

하느님도 조상님도 모두 원망스러웠다. 왜 우리처럼 성실하게 살아온 놈들에게 이런 형벌을 주는 것이냐고 우리는 울부짖었다.

박군과 나는 들녘 한복판에 나와 앉아서, 가지고 온 소주병을 번갈아 들이켰다. 몇 모금 소주가 넘어가자, 온몸에 열기가 피어오르면서 우리는 천하무적의 영웅으로 변해 갔다.

힘이 솟을수록 하늘이 밉고 조상들이 야속했다. 하이데카의 말처럼 '신은 분명히 죽고 없었다.' 우리는 하늘을 향해 고함을 질렀다. 흙덩이를 주워서 하늘 높이 던져 올렸다. 그리고 또 외쳐댔다.

"야, 이 XX들아! 이 X 같은 XX들아! 우리는 너희들을 저주한다!"

허공을 향해 내던지는 팔매질과 욕설, 이것을 일러 미필적 고의라고 하는 것일까?

우리의 목소리는 밤 공기를 찢으며 하늘 높이 퍼져 올랐겠지만, 우리 귀에는 미미한 소리로만 들렸다.

그렇게 호통을 치다가 우리는 서로 붙들고 엉엉 울어버렸고, 울다가는 다시 껄껄 웃었다.

그날 밤 우리는 결국 통행금지에 걸려 인근 지서에 끌려들어갔다. 학사 경사라는 지서 주임은 '문학모임 때문에 늦어졌노라.'는 우리의 변명에 고개를 갸웃하며 물었다.

"문학이라? 그렇다면 Poetry가 무엇이고, Novel은 무엇이오?" 하고 물었다.

우리는 이구동성으로 너털웃음을 터뜨리며 빈정거렸다.

"이보슈, 물으려거든 좀 어려운 문제를 물으시오. 그까짓 시니 소설이니 하는 따위 말고, 사르트르가 어떻고, 까뮈의 소설에는 무엇이 있고, 실존주의가 무엇인가 등등 말이오."

그 바람에 담당 순경에게 귀뺨 한 대만 왱하게 얻어맞았다.

그러나 우리의 주정은 끝나지 않았다. 학사 경사는 골치 아픈 존재들이라는 듯 눈살을 찌푸리더니, 명함 한 장을 꺼내어 몇 글자를 끄적여 주며, "어서 이거 가지고 집에 돌아가쇼." 했다.
 결국 우리는 새벽 2시에 풀려나왔다.

 그동안 눈이 제법 많이 쌓였다. 어깨 위에도, 머리 위에도 그날 밤처럼 숫제 나를 묻어버릴 듯이 내리고 있다.
 태초는 순수한 자연 속에서 생명체를 잉태해냈고, 우리 인간들까지 창조해냈는데, 왜 우리 인간들은 그 모체인 자연을 이토록 파괴하고 있는 것일까?
 이 들녘도 크게 상처를 입고 자꾸만 좁아져 가고 있다. 들판을 가르며 4차선 도로가 나고, 이웃 면으로 통하는 지방도로가 들을 찢고 사방으로 뻗어 나가고 있다.
 그 시절 빼앗긴 한 평의 땅 때문에 울고 웃던 들녘인데, 그 황금 들판이 이렇게 고난 속에 묻혀 가고 있다.
 나는 눈 덮인 들녘에 서서 순수 무구한 태초의 설원을 그려 보고 있다.

하동땅 가는 길에

— 쌍계사 틀에서

영산靈山은 언제나 안개구름이 서리고 하루에도 몇 번씩 날씨가 변덕을 부리나 보다.

우리의 태두泰斗 백두산이 그렇고 한라산이 그러하며, 또한 지리산이 그렇게 변용하고 있다.

영산일수록 냉큼 제 모습을 속중俗衆 앞에 열어 보이지 않는다는 산의 내력이 있고 보면, 백두산이나 한라산, 지리산 역시 그런 영기가 있음에 틀림없을 것이다. 엊그제 찾아왔을 때는 노고단 중턱 9백 고지까지 올랐으나, 갑자기 쏟아지는 폭우 때문에 정상 정복에 실패하고 말았지만 이번만은 꼭 오르고 말 것이라 다짐해 본다.

지리산은 전북 남원, 전남 구례, 경남 하동, 함양, 산청을 포용한 3도 다섯 시 군의 분기점이며 합일점이기도 하다. 그

품이 드넓어 무려 438.92㎢나 되는 데다, 산세가 매우 웅장첩첩하여 산의 중심과 끝을 분간하기 어려운 곳이다. 천왕봉(1,915m)을 으뜸 봉으로 하여, 반야봉般若峰, 노고단老姑壇 등, 해발 1,500미터가 넘는 봉우리들이 구름 위에 솟아 있는가 하면, 1천 미터가 넘는 준령이 20여 개나 된다 하니, 산세를 가히 짐작할 수가 있을 것 같다. 그 고봉과 준령 사이로 크고 작은 계곡 또한 20여 개요, 불일폭포佛日瀑布를 비롯한 구룡九龍, 용추龍湫, 칠선七仙 등 유명 폭포들이 골골마다 숨어 있으니, 영산이 아니고서 산수경 좋기로야 어찌 이 산을 추종할 수 있을까?

'명당자리마다 사찰寺刹은 거기 있었다.'라는 옛 사람의 글귀처럼, 금수강산 곳곳의 명산에는 절이 없는 곳이 없다. 지리산에도 화엄사華嚴寺를 비롯하여, 더 많은 사찰들이 골짜기마다에 배치되어 있고, 절마다 국보國寶급에 보물寶物급 문화재를 보유하고 있어, 정부가 이곳 지리산을 제1호 국립공원으로 지정했음은 당연한 일이라 하겠다.

화엄사 지장암地臟菴 옆에 있는 수령 3백여 년의 옻빛나무와, 824종의 초본식물草本植物과, 245종의 목본식물木本植物은 물론이요, 421종의 동물이 서식하고 있는 지리산은 자연박물관이자, 신령스런 명산名山일 것이다.

산에 들어서니 명산의 정기가 나를 압도한다. 지리산의 관문에 화엄사가 있다면 그 동녘 기슭에는 쌍계사가 있다. 토요

일 오후이기 때문인지 관광객들이 점점 붐비기 시작한다. 우리는 차에서 내려 얼마 동안을 걸어 들어오는 동안 온몸이 땀에 젖었지만 푸른 숲, 맑은 계곡의 물소리에 금방 무더위를 망각하고 말았다.

우리는 쌍계사雙磎寺 경내로 들어섰다.

맨 먼저 눈에 들어오는 것은 쌍계석문雙磎石門, 굵고 힘차게 새겨진 글씨가 우리 눈을 끌어당겼다. 최치원崔致遠 선생이 지팡이로 썼다는 쌍계석문雙磎石門, 그 앞에 가람선신伽籃善神이 서서 눈을 부릅뜨고 잡신과 사귀邪鬼의 접근을 막고 서 있는 모습 또한 인상적이다.

오랜 장마와 호우가 계곡 주변의 숲을 흙탕물로 덮어 씌워 놓고는 물은 유유히 계곡으로 흐르고 있다. 나는 갑자기 숨이 가빠옴을 느끼며 눈길을 돌렸다. 그 엄청난 물이 흘러갈 때, 휩쓸려 흘러가던 조난자들의 아우성 소리가 귀에 쟁쟁 울려오는 듯했기 때문이다.

산에 들면 산의 소리가 있다. 나뭇잎을 흔들며 지나가는 바람소리, 계곡으로 흐르는 물소리, 그리고 숲속의 새소리, 풀벌레소리. 이 모든 소리가 한데 어우러져 이루는 청량한 협주곡이다. 몇 걸음 걸어 들어가니 일주문一柱門이 앞을 가로막는다. 올려다뵈는 이마엔 삼신산 쌍계사三神山 雙磎寺란 현판 글씨가 우릴 반가이 맞는다. 이 세상에 존재하는 모든 사물과 이치는 결국 진실 하나로 돌아가는 법. 그것은 오직 엉클어진 마음을 하나로 모음으로써, 심신이 하나가 되어 대도성취大道成就 할 수 있는 곳임을 상징한다.

일주문은 쌍계사의 중창주重創主라 할 수 있는 벽암碧岩스님이 인조 19년(1641년)에 세운 건물로, 나무토막을 맞추어서 지은 건물이라 전한다.

경내에 들어서니 뜨락 좌측에 서 있는, 세월 먹은 늙은 비석 하나가 서 있다. 그 비석의 표제에 새겼으되, 진감선사대공탑비眞鑑禪師大空塔碑라 했다. 세월에 할퀴고 부대껴 떨어져 나간 살점과 상처 때문에 각문刻文을 떨군 곳이 몇 군데나 되었고, 작은 글씨로 빽빽이 새겨 놓은 비문은 오랜 풍화작용에 의해 거의 판독하기 어려울 정도로 지워져 가고 있다.

신라 49대 헌강왕의 칙명에 따라, 고운孤雲 최치원崔致遠 선생이 쓴 진감선사의 업적을 기린 비문이다. 귀부龜部와 이수螭首는 화강암이요, 비신碑身은 검은 대리석이다. 고운 선생의 필치로 새겨진 한국 4대 금석문金石文 중 으뜸으로 꼽힌다고 하니, 대견스런 보물을 여기서 보게 된다. 그래서 이 비석이 국보 제47호로 지정된 모양이다.

눈길을 바로세우면 정면엔 대웅전이 우뚝하다. 봉황이 나는 듯한 처마의 곡선미, 그리고 포包와 천장 등이 잘 조화된 전형적 목조 건물이다. 한국 건축의 미가 선線의 미美라면, 남대문 지붕의 선이 그 으뜸이요, 이곳 대웅전 또한 그런 선의 미를 지녔다고 할 것이다. 그래서 보물 제500호로 지정된 것일까?

돌계단을 올라 대웅전 문 앞에 서니 엄숙한 삼존불이 나를 굽어보신다. 나는 두 손을 모으고 머리를 조아렸다.

중앙에 석가모니불을 주로 하여, 우방에 아미타불, 좌방에 약사여래불을 모셨다. 그리고 그 사이사이에 관음보살, 대세지보살, 문수보살, 보련보살의 네 분 보살이 세 분 주불을 옹위하고 서 있다. 이것은 특이한 불상의 배치다.

과거, 현재, 미래에 걸쳐 언제나 불국정토(佛國淨土)에 살려는 원대한 신앙심을 발원한 것이며, 한편으로는 자비, 용기, 지혜, 실천을 통해 우리의 염원을 이루려는 뜻이 담겨 있다고 하겠다.

나는 발걸음을 옮기어 경내 여기저기에 자리잡고 앉은 부속 전당(殿堂)을 돌아보았다. 명부전(冥府殿), 적묵당(寂默堂), 청학루(靑鶴樓), 팔상전(八相殿), 영모전(永慕殿), 금당(金堂) 등을 돌아보고, 뜰 변두리에 서 있는 마애불상(磨崖佛像)과 진감선사 부도(浮屠), 장엄탑(莊嚴塔) 등도 돌아보았다.

나는 무엇이든 알고 싶어하는 습관적 욕구 때문에 일행과 떨어져 시간 가는 줄 몰랐다. 그런 내 습관은 설명판은 물론이요, 기둥마다 붙어 있는 불시(佛詩) 한 편도 빼놓지 않고 담아가려는 욕심이다.

나의 늑장부림 때문에 다음 여정과 출발이 늦어졌지만, 꼼꼼하고 신중하기로 이름난 구 선배님은 나보다 5분이나 더 늦게 모임 자리로 돌아왔다.

우리 일행은 이제 다음 여정인 불일폭포로 향한다.

조약돌

 개울가에 앉았노라면 가느다랗게 흘러오는 바람 끝과 만나게 되고, 산정에서부터 이만큼 쯤 굴러와 멈춘 조약돌의 얼굴과 만나게 된다.
 가마솥에 찌는 듯한 삼복더위 속에서도 한 점 바람결은 이렇게 서늘한 감으로 다가와 일상생활에 녹슨 우리의 가슴을 정결로이 닦아준다.
 병마에 사로잡혀 36도를 넘나드는 신열로 헛소리까지 토해내는 내 베갯맡에 앉아 근심스러운 눈빛으로 이마를 짚어 주시던 어머니의 손바닥만큼이나 시원하고 정다운 바람결이다.
 웅숭 깊은 산비탈의 개울가에 진초록으로 우거진 소나무, 백양나무, 자작나무, 굴참나무….
 이런 잡목들의 푸른 잎이 토해내는 숨결이 함께 배인 이 바람은 빽빽이 들어박힌 도시의 빌딩 숲을 먼지와 매연과 소음을 안고 기어다니는 그 후텁지근한 바람과는 촉감부터가 아예 다르다. 끈적끈적하고 눅눅하여 온통 피부에 달겨붙는 도시의 바람을 어찌 이 산바람과 바꿀 수 있으랴.

산골짝에 남 몰래 피어나는 풀꽃들의 향기까지도 그윽이 배어 있을 이 푸른 산바람을 덮고 누우면, 우리는 어느덧 때 묻은 일상이 지워지고 괴롭던 삶이 스러져 가고 잊혀져간 동심이 되살아난다.

그리고 내가 앉아 있는 공간의 넓이가 훨씬 넓어지고 내가 설계하던 인생의 높이가 한층 높아지는 것을 느낀다.

아, 그 무한한 시공 속의 내 존재여!

태초에 이글이글 불로 타며 우주 공간에 떠 있던 태양, 그 불덩이에서 튀어나온 작은 불씨 하나가 서서히 식어서 형성되었다는 지구덩이, 그 지구덩이 한 모퉁이에 자리한 한반도, 그 땅 한구석에 삶을 차린 나, 이렇게 따져 나가다 보면 나의 존재는 또 얼마나 미세한 것인가?

그 불덩이 같은 지구가 식어갈 무렵 화산은 거듭 터지고 지진은 연거푸 일어나며, 땅은 꺼져 단층이 되고 습곡을 이루면서 용암은 식어 산이 되고 바위가 되었을 이 지구.

온 땅덩이를 얼음으로 뒤덮은 빙하기의 아득한 세월을 지나면 다시 그 빙하가 녹아 내리면서 강이 되고 바다가 된 세월이라 하니 무한한 시공이 그저 외경스러울 따름이다.

산정의 바위는 물살에 밀리어 구르고 뒹굴어 내리는 동안, 쪼개지고 부서지고 패이고 깎이면서 아래로 아래로 밀려내려 왔을 이 조약돌의 생명이니 그 또한 얼마나 긴 세월을 살아왔을까?

모진 곳은 얻어맞아 떨어져 나갔고, 약한 곳은 단단한 것에 부딪혀 부서져 나갔으며, 가장 야무진 것만이 살아남아 이곳까지 굴러왔을 이 조약돌들을 나는 사랑의 품속에 간수하고 싶다.

나는 지금 유리알처럼 깨끗하고 투명한 물 속에 옹기종기 이마를 맞대고 잠겨있는 조약돌을 집어 들고 어린애처럼 그 표피의 매끈한 감촉에 사로잡혀 있다. 낮은 곳으로 낮은 곳으로 내려와서 조용히 가라앉은 동그만 구슬들이다.

그 원만하고 겸손하며 야무진 얼굴을 바라보노라면, 신라 화랑 충담사가 읊었던 『찬기파랑가』가 떠오른다.

> 구름을 열어제치며 나타난 달이, 흰구름 쫓아 떠가는 게 아니냐.
> 새파란 개울가엔 기파랑의 모습이 떠 있구나.
> 한편 흐르는 냇가에 조약돌을 밟으며 그의 고고한 기상을 따르고 싶다.
> 아, 잣나무 가지 하도 높아 찬 서리도 묻지 않을 그 기파랑의 기상이여.

강물에 비친 달은 기파랑의 얼굴이요, 개울가에 흩어져 있는 조약돌은 기파랑의 고고한 기상이다. 그 티끌만큼도 때묻지 않을 고고한 기상을 나는 따르고 싶다는 노래다.

'낮으면 밟히고, 높으면 바람 탄다.'는 이 평범한 인생철학은 우리들에게 많은 것을 시사해 준다.

그런데 갑년을 넘기고도 아직도 설어 있는 수박덩이처럼, 덜 익은 내 인생의 모짐이 얼마나 어리석은가? 그것은 아직도 원시적 단층 위에서 굴러다니는 모난 돌멩이에 불과하니, 너그러움과 겸손함으로써 세월을 익혀온 한 알의 조약돌에서 나는 더 많은 것을 갈고 닦아야 한다.

세월 따라 쌓여 가는 악의 늪지대, 그 거친 속세를 떠나 이 맑은 개울가에 발을 담그고 앉은 오늘의 나는 잠시나마 신선이요 현자로 착각한다.

우거진 잡목 잎사귀 사이사이로 햇살이 반짝반짝 얼굴을 내밀 때마다 바람 새도 서늘히 내게로 다가서 온다.

이런 선경에서 몇 날이고 몸과 마음을 닦아 새로이 숨쉬는 나로 거듭났으면 그 얼마나 좋으랴.

행복의 소재

 오늘날 우리의 둘레에는 자기 시름에 겨워 괴로워하거나 방황하는 이들이 많다.
 하루 아침에 몇십 년을 쌓아 올린 기업이 무너지고, 몸담고 일하던 직장에서 떠나야 했으며, 꽤나 재미 보던 증권투자에서 몰락했거나, 출마했던 벼슬길에서 낙선의 고배를 마심으로써 앞날이 꽉 막힌 듯 암담한 처지가 되었으니 말이다.
 사람들은 이렇게 온갖 꿈과 행복을 찾아 끝없는 욕망의 언덕을 넘나들어 보지만, 그 행복과 욕구의 충족은 그리 쉽게 우리에게로 다가와(안겨) 주지를 않는다. 그러다가 어떤 이는 절망 끝에 스스로의 목숨을 끊기도 하고, 결국 큰 병에 걸려 자리에 눕게 되었을 때, 지난날을 되돌아보며, 그때 그것이 행복이었음을 느끼면서 조용히 눈을 감는다.

행복은 그 형태가 여러 가지 모습이어서 그 사람의 의식구조에 따라 변용을 한다. 그것은 뫼꽃 피고 지는 깊은 산 속 고요한 산사의 목탁소리 속에서 찾을 수도 있고, 흙내 나는 들녘에서 땀의 보람을 느끼며 찾을 수도 있으며, 화려한 양옥, 커튼 드리워진 침실 속에 고여 넘칠 수도 있고, 높은 의자에 앉은 고관들의 큰기침 소리 속에서 울려 퍼질 수도 있을 것이다.

그러나 이런 모든 행복의 수명은 그리 길지 못한 법이어서 일장춘몽이랄까? 하룻밤 꿈처럼 짧고 허망한 것이다.

행복이란 신기루와 같은 것이어서 잡으려고 발버둥치면 자꾸만 먼 곳에서 아물거리고, 무심히 지나치다 보면 어느새 내 품안에 안겨져 있음을 알게 된다. 그러나 품에 안긴 그 행복마저도 얼마 안 가서 내 곁에서 어느덧 떠나가 버리는 것이니, 이 얼마나 단명한 것인가.

오늘도 괴로움 속에 방황하는 이들에게 나는 이 여름 책 한 권을 권하고 싶다. 그것은 아우렐리우스의 《명상록》과 세네카의 《행복론》이다. 이것은 사변적思辨的 행복론이 아니요, 논리적 인생론도 아니다. 이 책을 펼쳐 들면 그 속에서 오늘날 거꾸로 선 행복을 바로세워 주는 신선한 언어들이 쏟아질 것이다. 공연한 무력감이나 허무주의에 빠지지 않도록 미리 충고해 드리면서 말이다.

말씨와 품위

예부터 우리나라에서는 사람의 됨됨이를 신身·언言·서書·판判으로 평가해 오고 있다.

신身이 외형적 구성의 미적 가치라면, 언言은 내면적 심성의 인격적 가치라 할 것이다. 왜냐하면 우리는 사람을 처음 만날 때 먼저 그 사람의 됨됨이를 보고 그의 성격을 점쳐 보게 되고, 주고받은 말소리를 통하여 그 사람의 교양과 품위를 예측할 수 있기 때문에 몸가짐과 말씨는 그 사람의 첫인상으로 남기 때문이다.

그러므로 예부터 '말 한 마디로 천 냥 빚을 갚는다.'는 말은 겸손하고 진솔한 마음의 표현이요, '장부 일언은 중천금'이란 말은 언어의 신뢰성을 강조한 경구일 것이다.

인간은 태어나면서부터 죽을 때까지 말을 배워서 말을 하며 살다가, 끝내는 말 한 마디를 유언으로 남기고 조용히 눈을 감는다. 그러므로 말에 대한 속담은 참으로 많다.

'가는 말이 고와야 오는 말이 곱다.', '가는 방망이 오는 홍두깨', '낮말은 새가 듣고 밤말은 쥐가 듣는다.', '발 없는 말이 천 리 간다.', '말 속에 뼈가 있다.' 등…. 이런 속담들은 우리에게 말조심하라는 명심보감일 것이다.

말은 그 사람의 감정이요 사상이다. 반가운 심정은 반가운 어조로 나타나고, 고마운 마음은 고맙게 나타나며, 불편한 감정은 불평스럽게 나타나고, 거칠은 심성은 거친 말로 나타나며, 비꼬인 감정은 빈정대는 어조로 나타나기 마련이다. 한 사람의 말소리에서 그 사람의 인격을 엿볼 수 있다. 욕설 섞인 언어를 들으면 그 사람의 저속성을 느낄 수 있고, 사투리 섞인 시골말을 하면 그의 무지와 무교양을 감지케 되며, 품위 있는 언어를 사용하면 그가 교양인임을 직감하게 된다. 그리고 한 집단의 언어에서는 그 집단 구성원들의 온·불온穩不穩성을 가늠할 수도 있다. 유유상종類類相從이란 말은 그래서 생긴 말이다.

오늘날 우리 사회에는 거친 언어가 판을 치고 있다. 그것은 옳고 그름을 떠나서 이미 버릇으로 굳어져 버렸다. '새끼'로 통하는 동물적 대명사, '죽여'로 통하는 극한적 감정, '웃기네'로 통하는 빈정거림의 태도, '소개팅', '폰팅', '채팅'으로 표현되는 젊은이들의 만남, '영계', '애인', '묻지마 관광' 등으로 통하는 불륜 중년 남녀들의 문란한 성행위들이 드러나고, 자기 아버지를 꼰대라 부르거나, 인터넷상에서 사귄 친구를 일촌으로 부르기도 하고, 못생긴 여자를 호순이, 잘생긴 남자를 훈남, 얼굴 몸매가 잘난 사람을 얼짱, 몸짱이라 부르기도 한다.

오늘날 땀 흘려 잘 살게 된 우리 국민의 생활모습이 바로 이런 것이요, 선진국 대열에 접어든 우리 국민의 언어가 이렇게 거칠어 간다면, 그 가난했던 지난날의 고통 속으로 다시 돌아가야 할 일이 아닌가?

한국은 선진국의 일원이요, 중·후진국들이 우리의 문화시민상을 배워가고 있는 중인데, 이렇게 살아간대서야 어디 될 말인가! 바라건대 우리 모두 남을 배려하는 마음으로 말은 곱게, 마음은 착하게, 사상은 온건히 지니고 살아야 할 것 같다.

탓과 핑계의 버릇

우리의 속언에 '잘되면 내 덕, 잘못되면 조상 탓'이란 말이 있다.

탓이란 어떤 일을 그르쳤을 때 그 잘못된 원인을 남에게 돌리는 핑계 행위이며 실패에 대한 원망의 소리다.

인간의 일상은 수 없는 일에 부딪히면서 그것을 해결해 나가야 하는 운명을 지니고 있다.

그 일은 자신의 의도에 의해 계획된 일도 있고, 뜻밖에 타에 의해 강요당하는 경우도 있다. 그리하여 그 원인이야 어떻든 간에 우리는 그 일의 원만한 해결을 위하여 갖은 애를 써 보지만, 그 결과는 우리가 소망하는 대로 그리 쉽게 풀리지 않는 것이 보통이다.

처음부터 꼬이기 시작하여 줄곧 실패로 끝나기도 하고, 이제는 성공을 거두었다 싶었던 일이 마지막 단계에서 왕창 무너져 버리는 경우도 있다.

이때 일어나는 낙망과 허탈감은 애석, 후회, 분노로 치달으면서 모든 것을 '탓'으로 돌리기 일쑤다.

그리하여 실패의 원인을 그 일을 처음 권해 준 ㉠의 탓이라 욕하기도 하고, 아니면 측면 지원을 해 준 ㉡청의 탓이라 분노도 하며, 결국은 이런 실패를 해결해 주지 않는 정부 당국을 원망하곤 한다.

그러나 곰곰이 생각해 보면 그 결과는 다 내 탓이요 자기 탓이다. 인간만사가 인과응보의 귀결이며, 업보의 소산이라 한다면 지나친 운명론일까? 불가의 말씀에 '악인악과, 선인선과惡因惡果 善因善果'란 말이 있는가 하면, 공자께서도 만 가지 일이 분수에 맞아야 하는데도 들뜬 사람들이 부질없이 날뛴다고 하신 '만사분이정이요, 부생공백망萬事分已定 浮生空白忙'이란 말씀은 이를 경계하는 말이라 할 것이다.

자기가 저질러 놓은 일에 책임을 느끼지 않고 'XX 문제 때문'이라고 변명하는 '핑계' 심리도 우리 겨레의 고질적 병폐의 하나다. "그 실패의 원인은 바로 내게 있다."는 생각은 얼마나 진솔한 고백이며, 자기 성찰의 일설인가?

나는 가끔 성당에서 울림하는 "내 탓이오, 내 탓이오." 하며 참회하는 목소리를 들으며 깊은 진실감에 젖곤 한다.

떠난 자리의 뒤처리

'자리'란 사물이 존재하는 점유 공간을 말한다. 그리고 그 자리는 그가 머물고 있는 현재보다는 떠난 후의 뒷자리가 더 중요한 것으로 평가된다.

'앉은 자리 풀도 안 난다.'는 말은 그 인간의 잔혹성과 냉정함을 비꼰 말이요, '뒷자리가 걸다(비옥하다).'는 말은 그 인간의 후덕함을 기리는 말이다. 어떻든 사람이 머물다 간 뒷자리에는 이러쿵저러쿵 말이 많은 것이 사실이다.

올해 여름은 참으로 길었다. 사람들은 그 숨막히는 더위를 피해 떠나느라 길이 미어지고, 산과 바다가 터질 지경으로 몸살을 앓았다. 매일같이 50만 100만 명이 들끓던 산과 바다. 어쩌면 인간은 먹고 마시고, 싸고 버리는 추악한 존재들일지도 모른다. 그들이 먹고 마시고 버리는 쓰레기가 매일 산더미처럼 실려가고도, 뒷자리에 버려진 쓰레기는 흙이나 모래 속에 묻히거나 바위틈에 쌓여 산과 바다를 병들게 하고 있다.

우리 한국인들의 뒷자리에는 언제나 뒷소리와 뒷말이 많다. 앉았던 공직의 자리에서 떠난 후의 뒷 얘기, 관광차 찾아간 해외에서의 창피한 소문들, 거기엔 늘 부정과 비리, 무책임 등이 남아 있고, 거기에는 언제나 무질서, 무법행위, 낭비와 추태들이 미움으로 남는다.

'주여, 때가 왔습니다. 해시계 위에 당신의 그림자를 얹으십시오. 들에다 바람을 넣으십시오.'로 시작되는 폴발레리의 〈가을날〉이란 싯귀는 따가운 여름볕의 고마움과 위대한 결실을 찬양한 노래다. 결실은 순리 앞에서 미소짓는다.

지난 7일은 입추立秋, 가을이 서는 계절이요, 내일은 처서處暑다. 이제 지겨운 더위가 스러지는 계절이다. 백로白露의 절기 앞에 다가선 우리는 그간 고난을 딛고 일어선 위대한 민족의 표상임을 깨달아야 한다.

가난과 무지 속에서 땀 흘려 공부하고 일해 온 우리. 근대화, 산업화를 30년 세월에 이룩한 지혜. 이 모든 결실과 뒷끝이 이렇게 지저분해서야 될 말인가? 이제는 정말 우리도 새로워져야 한다. 그리고 '미개한 민족', '후진국 백성'이란 이 부끄러운 자리에서 벗어나, 선진국 자리로 발돋움해야 한다. 21세기는 우리의 자리매김에 온 민족의 명예를 걸어야 한다.

김삿갓과 한석봉

체면이란 말은 남을 대하는 체재體裁와 면모面貌를 뜻한다.

비록 초옥草屋 와실蝸室에서 삼순구식三旬九食을 하며 삼승포의三升布衣로 산다 하더라도 모처럼의 만남이나 모처럼의 애경사에 어찌 섬소한 대접으로 무례를 저지를 수 있겠느냐는 것이 그 근본 생각일 것이다.

이런 체면치레의 관습은 이조 5백 년의 유교적 예법에서 기원한 것이지만, 오늘날에도 그 체면차림은 미덕으로 잔재해 있어 우리를 쓸쓸하게 한다.

그리하여 사치스런 혼수, 과다한 손님 접대, 값 비싼 선물, 고액의 축조의금… 등, 우리 일상에서 누구나 겪고 있는 쓸쓸한 체면치레의 단면이다.

우리는 이런 비생산적인 형식 윤리에서 벗어나 현실적이고 실용적인 의식으로 하루속히 탈바꿈해야 할 것이다. 그 탈에서 벗어나기 위해서는 주객지간이 다함께 정성과 우정에 만족하는 생산적 체면차림이 되어야 할 것이다.

팔도강산을 방랑하던 김삿갓은 부잣집 냉대나 푸대접에 냉소의 풍자시를 던져주기도 했지만, 가난한 집 아낙이 끓여다 주며 무안해 하는 그 인정이 고마워 또 하나의 시 한 편을 남겼다.

사각송반 죽일기(에), 천광운영 공배회(라)
四脚松盤 粥一器, 天光雲影 共徘徊
주인막도 무안색(하라), 오애청산 도수래(라)
主人莫道 無顔色, 吾愛靑山倒水來

'네 다리 소나무 소반에 차려 온 죽 한 그릇에 하늘빛과 구름 그림자가 함께 둥둥 떠도는 도다. 그러나 주인은 면목 없다고 말하지 마오. 나는 청산이 물 속에 거꾸로 비쳐 있는 풍경을 사랑하도다.' 라고 읊었다.

또한 가난을 뼈저리게 겪으며 자란 한석봉은 현감 말직에 만족하면서 호화로운 생활을 외면한 자연 친애자요, 청백리였다. 그는 어느 날 찾아간 가난한 촌부집에서 접대를 걱정하는 주인에게 읊은 시조는 매우 의미가 있다.

'짚방석 내지 마라. 낙엽인들 못 앉으랴/ 솔불 혀지(켜지) 마라, 어제 진 달 돋아온다. 주인아 박주 산채인들 어려워 말고 내어라.' 라고 읊지 않았던가? 우리도 이제는 분수를 지키며 순리대로 살아가는 겨레들로 탈바꿈해야 할 것 같다.

나의 꽃 후리지아
살아있음에 새로이 솟는
산심山心
세 칸 토방집 별장에서
먼 바다, 그 바위섬들의 인상
깨달음을 위한 교훈
이름 석 자에 걸린 인생
땅

나의 꽃 후리지아

인간은 자연에서 나서 자연에서 살다가 자연으로 돌아가는 동물이다. 그러므로 기맥 없이 꺼져가는 최후의 순간에도 자연과 산 것들의 생기 찬 모습은 인간에게 강렬한 삶의 의지를 본받게 하고 재생의 의욕을 북돋아 주기도 한다. 그것은 일찍이 오·헨리의 작품 ≪마지막 잎새≫에서 창 너머 건너편 담벽에 남아있는 마지막 잎새가 떨어지면 자기도 죽는다고 절망해 가는 존시의 이야기를 수우에게서 전해들은 늙은 화가 베어멘은 찬바람에 떨어진 그 잎새 자리에 그와 똑 같은 잎새 하나를 그려 붙여놓음으로써 죽음으로 향해 있던 그녀에게 재생에의 의지를 심어주었다는 이야기는 비록 창작된 소설 속의 이야기지만 수긍이 가는 인간 의지의 이야기다.

나는 지난 몇 년 동안 모진 투병생활 속에서 깊이깊이 느낀 것이 있다면 그것은 건강과 생명의 소중함이었다.

이 세상에서 인간들이 갈망하고 추구하고자 하는 돈과 권세와 직위와 명예 같은 욕구와 가치는 결국 건강이란 현실적 가치 앞에선 한낱 쓰레기에 불과하다는 것을 절감했던 것이다.

오늘도 나는 그 긴 긴 투병생활로 점점 심약해져가는 상태에서 내 여생을 어떻게 마무리지을까 궁리해 보는 시간이었다. 그야말로 아무도 찾아주는 이 없고 전화벨 한 번 울려오지 않는 적막한 공간에 누워, 잔여 세월에의 준비에 정신을 팔고 있었던 판인데 그런 고요 속에 출입문 초인종이 울렸다.

나는 이런 내 중대한 계획과 성찰의 시간을 파괴해 버리는 방문객은 대체 누구일까 하고 신경을 곤두세우고 있었는데, 문을 열러 나간 조카는 뜻밖에도 꽃바구니 하나를 들고 들어와선 내 머리맡에 놓으며 "꽃배달이네요."라고 전한다. 나는 '꽃'이라는 말에 번쩍 눈을 뜨며 상반신을 일으켜세웠다. 그것은 샛노랗게 반쯤 피어나 있는 후리지아꽃이었다. 갑자기 어둠침침했던 방안이 환하게 밝아오며 짙은 향기가 코에 스며들었다. 그 꽃바구니에는 '선생님의 건강을 기원합니다. 포항 이영애'라고 씌어 있었다. 보내준 장본인은 평소에 알고 지내는 포항에 사는 원로 수필가 이영애 여사였다. 문인 주소록에는 네 사람의 동명이인이 있으므로 그 중 포항에 사는 이영애라는 자기 명시의 주소였다.

그는 2004년 이른봄에도 내게 이 꽃을 보내 준 일이 있었다. 나는 그 무렵 수술 후의 잔병殘病 치레로 심한 고통을 겪고 있던 때였으므로 그 꽃 선물은 내게 큰 위안과 활력소로 작용했다. 그 때의 리본에는 '부디 쾌유하시기를 빌며. 포항 이영애'라고 씌어 있었다. 말할 수 없이 고마운 병상 선물이자 쾌유를 비는 기도문이었다. 그 꽃을 받는 순간 그분의 간절한 기도 소리가 짙은 향기와 함께 내 체내에 깊숙이 스며들었다. 따라서 그분의 고마운 인정에 생의 의지가 가슴에서 물결쳤다. 그날 밤 나는 그분에게 감사의 편지를 썼다. 그리고 그 서두에다 다음과 같은 시조 한 편을 써넣었다.

> 정을 실은 꽃향기가 천릿길을 날아와서
> 시드는 영혼 위에 새 숨결을 불어넣고
> 그늘진 병상 머리에 보름달로 떠오른다.
> — 〈사랑의 꽃 후리지아〉 제1절

기맥 없어 떨리는 손가락이었지만 마치 젊은 시절 첫사랑에게 써 보내던 연서만큼이나 속마음을 진솔하게 토로해 보낸 편지였다. 보내고 난 내 마음은 한결 가벼운 기분으로 쾌적해졌었다.

그런 기억이 아직도 생생한데 오늘 다시 그 향기 짙은 후리지아 꽃바구니를 보내주었으니 이 아니 고마운가? 글은 감동에서 피어난 소재를 유의미하게 주제화한 진솔한 자기 고백이다. 그 감동이 식기 전에 붓을 들어야 한다. 그 고마움과 감격을 어찌 한 수의 글로 다 할 수 있으랴. 나는 이어 한 수를 덧붙여 썼다.

> 매듭마다 망울져선 이어 피는 맑은 얼굴
> 혹여나 밤 사이에 만발할까 애태우며
> 날 새자 가까이 가서 꽃망울을 어룬다.
> ― 〈사랑의 꽃 후리지아〉 제2절

나는 하루에도 몇 번씩 노란 꽃송이에 코를 대고 깊은 숨을 들이마신다. 그 때마다 부드러운 꽃잎들이 향기를 흘리며 내 볼을 어루만진다. 사심私心 없는 순결로 대표되는 꽃이요, 순진함과 청량한 향기로 불리는 꽃말의 소유꽃, 나의 후리지아다. 남아프리카 희망봉이 원산지인 이 꽃이 19세기 초에 유럽으로 소개되면서 유럽 사람들에게 열광적 사랑을 받는 꽃이다. 전설에 의하면 숲의 님프들의 애타는 사랑을 모질게 뿌리쳐버린 미소년 나르시소스에게 짝사랑을 해 온 것이 바로 이 후리지아다. 이 후리지아도 역시 숲의 님프였다. 후리지아와 나르시소스는 각기 수줍음과 무관심의 성격 차이 때문에 결국 그 사랑을 성사시키지 못한 채 나르시소스는 자기 도취 속에 우물에 비친 자기 미모의 얼굴을 따라 투신함으로써 죽음에 이르렀고, 이를 슬퍼한 후리지아는 그의 뒤를 따라 그 우물에 빠져 생을 마쳤다고 전해 온다. 너무나 비극적이지만 그리움 서린 사랑의 설화다.

  나는 자리에서 일어나 베란다 쪽으로 걸어나갔다. 햇볕이 쨍쨍히 들이비치는 베란다 창문 밖으로 연둣빛 나뭇잎들이 후리지아의 순결처럼 때묻지 않은 잎을 펴들고 하늘거리고 있다. 마치 나의 건강 회복을 재촉하는 갈채의 소리같이. 참으로 가슴 벅찬 상쾌한 날씨다.

살아있음에 새로이 솟는

"수술한 지 만 7년이니 이제 재발할 위험은 적습니다. 그러나 건강은 늘 조심하시고 운동도 계속하셔야 합니다."

7년째 되던 날 마지막 PET 검사 결과를 통보해 주며 주치의 정 교수가 내게 지시한 사항이었다.

결국 나는 의사의 지시대로 7년을 비가 오나 눈이 오나 걷기 운동으로 앞산을 오르내린 셈이다. 숨이 턱에 차 올라와도 살기 위해서 참고 걸어온 길이다.

새벽 4시 30분이면 영락없이 눈이 떠지고 자리에서 일어난 나는 이를 닦고 세수를 한 후 스킨 로션을 찍어 바른다. 어찌 보면 바람난 홀아비 같은 짓이겠지만 핼쑥한 얼굴을 다듬고 찌든 늙은이 냄새를 지우기 위함이다.

문을 열고 나서면 가장 먼저 만나는 사람은 신문배달부 아니면 우유배달부다. 삼사십 대의 가정주부로 자녀들의 학원비를 벌기 위해서란다. 그들의 교육열과 생활력에 늘상 감탄한다. 이제는 낯익은 사이가 되어 그들이 던지는 명랑한 아침인사에 나도 답례를 하며 좋은 하루 되라는 덕담 한 마디를 덧붙여 주곤 서로의 갈 길을 걸어나간다.

나는 육교 50계단을 올라 호남고속도로 논산 IC쪽으로 난 6차선 도로를 건너간다. 육교 밑으로는 이른 새벽부터 화물트럭과 각종 차들이 파도처럼 밀려오고 밀려간다. 그들이 쏟아내는 고음결 소음과 유독 가스에 귀를 막고 코를 막는다. 도대체 몇 데시벨이나 되는 소음일까? 얼굴이 찡그려진다.

그러나 그 소음은 밉지만 모두가 고마운 역군들이다. 만약 저 화물차들의 행렬이 멎는 날은 혈관의 순환이 멈춘 인간의 심장처럼 국가 경제는 파탄을 초래할 것이니 말이다.

나는 육교를 건너 구름산 북쪽 기슭 밑으로 난 길을 택하여 걸어간다. 시내에서 나오는 산책객들은 모두가 남쪽 기슭 밑길을 택해 가고 있는데, 내가 굳이 북쪽 길을 택하는 것은 그들보다 더 많이, 고생스런 고갯길을 걷고자 함이다. 운동은 땀이 날 정도로 숨가쁜 움직임의 효과가 아니던가?

산책객들은 각양각색의 행보로 걸어간다. 팬티 바람으로 달려가는 사람, 손뼉을 치거나 뒷걸음질을 치며 걷는 사람, 엊그제 퇴원한 환자인 듯 천천히 걸음을 옮기는 사람, 맨발로 걷는 사람, 모두가 제 나름대로의 모습으로 목적지를 향해 걷고 있다.

나는 북쪽 기슭을 걸어 돌아 할딱고개를 넘어 산정에 다다 랐다. 그리고 거기 설치된 의자에 앉아 가쁜 숨결을 심호흡으로 달랜다. 솔숲 바람이 상쾌하다. 이 고장이 시로 승격되면서 이 산을 체육공원으로 지정하여 여러 운동기구를 설치해 놓음으로써 시민들의 운동처가 된 것이다.

나는 자리에서 일어나 산정 가르맛길에 올랐다. 그 때 갑자기 "선생님!" 하는 남자의 목소리에 습관처럼 그 쪽으로 눈길을 돌렸다. 그들은 한 쌍의 부부였다. 몇 년 전 뇌졸중으로 쓰러져 반신불수가 된 그는 언어까지 어둔하여 거의 절망에 빠져 있을 때, 부인의 부축임을 받고 걸음마를 연습하던 제자다. 나는 반가움에 그들 앞으로 다가가며 "아니 어떻게 여기까지 올라왔나?" 하고 얼결에 물었다. 그는 오늘 처음 여기까지 올라와 봤노라고 했다. 다소 발음은 어둔했지만 그는 거의 정상에 가까운 자세로 걸음을 떼어놓고 있었다. 나는 그의 마비되었던 좌측 손을 덥석 잡으며 "참 장하네. 부인께서 고생이 많았네요." 하고 찬사를 보냈다. 그들은 내 찬사에 계면쩍은 미소를 지으며 "선생님의 말씀대로 열심히 걸었기 때문입니다." 두 부부가 이구동성으로 동시에 대답한 말이었다. "참 다행일세. 계속 열심히 걷게. 걷기운동이 만병통치라니까. 보게 내 건강도 이만큼 좋아지지 않았나?" 하고 격려해 주었다.

사십 도 가까운 산비탈을 오르내리는 사람들의 가쁜 숨소리를 들으며 나도 산비탈을 숨가쁘게 오르내렸다.

내가 남쪽 내리막길로 내려와 큰 도로에 접어들었을 때 또 하나의 목소리를 만났다. 초등학교 재직 시절 가르쳤던 제자 박명자였다. 그가 "선생님!" 하고 부르는 소리에 반사적으로 멈춰섰다. "오랜만일세." 하고 내가 응수하자 그의 눈시울엔 어느새 눈물이 고이며 "아니 이렇게 아직 건강하신데 어쩌면 몇 년 전 그런 소문이 있었어요?" 한다. 나는 그의 말뜻이 무슨 말인지를 즉각 알아차리며 "그런 소문이 났으니 백 살까진 살겠구나." 하고 껄껄 웃어 주었다.

그의 얼굴에도 제법 많은 주름살이 잡혀 있었다. 올해 예순여덟이라고 했다. 공무원이던 남편이 퇴직 후 지금은 대전에서 장사를 하고 있다고 한다. 그의 얼굴에는 이제 눈물 대신 미소가 어리며 "아직도 선생님은 그 옛날 그대로이시네요." 한다. 나는 이 덕담을 받으며 "아니 바짝 늙었지 무슨, 그리고 얼굴에 이것저것 찍어 발라서 그렇지 뭐." 하고 응수해 주곤 건강하라고 당부하며 헤어졌다.

만나는 사람마다 더 젊어졌다는 이 말 한 마디에 속으면서도 나는 새로운 기운이 솟아오르며 발걸음이 가벼워진다. 그리고 아직 살아있다는 기쁨에 가슴이 설렌다. 벌써 아침해가 동쪽 아파트 지붕 위로 얼굴을 내밀었다. 오늘 하루도 즐거운 하루가 되리라.

산심 山心

산은 숱한 이야기를 사려 담고 오늘의 모습으로 앉아 있다.

삼천 도 불덩이로 타다가 눈보라 얼음 속에서 돌과 흙이 되어 앉은 산.

산은 정녕 영험하고서도 겸허하다. 높고 낮음을 겨루지 않고 깊고 얕음을 시샘하지 않으며, 높으면 높은 대로 하늘을 우러러 천심을 받들고, 낮으면 낮은 대로 인간들과 어울려 지정地情을 싹틔운다. 높은 산을 정복하려는 알피니스트가 영웅호걸이라면, 야산을 오르내리는 요산자樂山者는 인자仁者요 덕인이다. 광활한 천지를 굽어보며 개선장군마냥 호탕하게 웃는 것이 호연지기라면, 모여 앉은 마을을 옹위하고 앉아 오순도순 속삭이는 것은 인정이요 사랑이다.

산은 어머니 품속같이 포근하고 평화롭다.

아름다운 풀꽃, 매끈하게 자라는 나무, 묏새와 산토끼들이 그 속에서 뛰놀고, 매미와 풀벌레들이 한 계절을 노래한다. 수천 수만 척 깊은 지심이 살아 숨쉬고 있는 한, 산은 언제나 사랑을 심어 열매를 익힌다.

계곡을 지어 맑은 물이 흐르게 하고, 절벽을 세워 수려한 산수병을 꾸민다. 소나무, 시누대, 백양나무, 자작나무, 굴참나무, 그 살찐 나무들을 사랑으로 포옹하고, 철쭉꽃, 산머루, 산딸기 익어 가는 골짜기에 바윗등을 세워 운치를 돋운다. 밤이면 머리 위에 별 떼들을 부르고, 호젓한 새벽이면 외로운 그믐달과 함께 노닌다.

수석송죽월水石松竹月 하나 같이 모인 이 품 안에 벌레소리 산새소리 함께 어우러지면 그것은 장엄한 소나타요 심포니다. 그러나 스스로는 말이 없이 항상 입다물고 침묵하니 일언이 폐지 一言以蔽之 왈曰 사무사思無邪라.

산은 영험한 하늘이며 공정한 심판자다.

인인자중忍忍自重하면서도 큰 울음이 있었고, 백인지중에도 일분발을 표할 수 있으니 일단 분노하면 온 천지가 개벽되었다 한다.

나는 이런 산을 좋아한다. 그러나 세계의 영봉인 에베레스트나 하늘에 사다리 철도를 놓고 그 위를 타고 오르는 몽블랑같이 그렇게 높고 아름다운 명산보다는 그리 높지도 낮지도 않은 이천 미터 안팎의 산을 좋아한다. 거기엔 내가 좋아하는 정다운 이들의 얼굴도 만나볼 수 있고, 산의 정기도 함께 받아 즐길 수 있기 때문이다.

세 칸 토방집 별장에서

　모악산 산기슭에 자리한 삼간 토방집은 내가 말년을 편히 쉬고 싶어 찾아오는 쉼터다. 그러므로 나는 이 집을 이름하여 별장이라 부르고 있다.

　내가 이 별장에 와서 여가를 선용하는 것은 이 집이 거루고 각巨樓高閣이거나 집 구조가 멋스러워서가 아니다.

　봄이면 산사 입구의 공원에 온갖 꽃들이 피어나고, 여름이면 더위를 식힐 수 있는 맑은 계곡 물이 바로 마당 끝으로 흘러내리며, 가까운 산록에는 사찰 하나가 자리하고 있어 조석으로 예불을 드리거나 그 곳 강원에서 스님의 강론을 들을 수 있기 때문이다. 숲속에서 불어오는 맑은 바람과 졸졸졸 흐르는 계곡 물소리를 들으며 책을 읽거나 글을 쓰기도 좋은 이 별장은 그래서 언제나 청풍이요 물소리요 명월이다.

내 고장의 선비요 예학의 대가이던 사계沙溪 선생의 시조에는 '십 년을 경영하여 초려草廬 삼 간 지어내니/ 한 간엔 청풍이요 한 간엔 명월이라/ 산천을 들일 곳 없으니 둘러두고 보리라.'고 읊은 한 편 글이 있으니 그 기상이 얼마나 청빈고고淸貧孤高한가?

나는 가끔 이 계곡 가에 나가 앉아 두 발목을 담그고 있노라면, 어느덧 심신은 범속의 굴레를 벗어나 순수한 지경 속으로 빨려들어간다. 그것은 분명 물아일체物我一體의 경지요 정관의 세계다.

'만족함을 아는 사람은 가난하고 천하여도 항상 즐거울 것이요, 만족스러움을 모르는 사람은 부하고 귀하게 살아도 늘 근심이 많다.'는 말씀이 있듯이, 비록 토막 삼 칸에 살면서도 이런 즐거움을 느낄 수 있음은 얼마쯤의 깨달음을 얻었다는 표증일까?

발목을 쓰다듬으며 흐르는 이 계곡 물은 멀리 모악산 등성이에 내리는 빗물이 근원이 되어 여기까지 이르른 것이거니, 그 여정은 꽤나 먼 것이 분명하다. 그 길은 거칠고 험한 행로요 먼 거리였을 것이니, 바위와 돌과 나무 등걸의 저항을 받으며 아래로 아래로만 흘러왔을 고달픈 여정이었으리라. 그리고 그것은 어쩌면 인생의 한살이와 흡사한 과정이 아니었을까 하고 느껴 보게도 된다. 또한, 지금 내 발등을 넘어선 이 물살은 다시 멈춤 없는 행보를 계속하면서 주위의 산 것들을 키워내며 한 바다로 나아갈 것이다.

 나는 고개를 숙인 채 음향 섞어 흐르는 물살의 밑바닥을 응시하고 있다. 어디선가 송사리 떼들이 오물오물 거슬러 올라왔다. 날렵한 몸매로 태어났기에 이렇게 흐르는 물살을 거슬러 오를 수가 있는 것일까? 깨알보다도 더 작은 눈으로 이 세찬 흐름을 거슬러 오를 수 있는 요 작은 미물을 보며 나는 문득 나를 뒤돌아보며 이들에 대한 애정이 솟는다. 왕 구슬만 한 눈동자를 갖고서도 한 길 물 속을 뚫어보지 못하고 하루의 앞날을 예견치 못하는 게 우리 인간이 아니던가?

 잠시 후 다른 한 집단의 송사리 떼가 몰려와선 내 발등과 발가락 사이를 비집으며 반응을 꾀하고 있다. 나는 간지러움을 참지 못하고 발을 움츠렸다. 순간 놈들은 해적害敵이나 만난 듯이 기민한 동작으로 자신들의 존재를 지워버린다. 그 놀라운 감각과 속도에 다시금 경탄한다.

 나는 그간 태초의 세 쪽이나 해파리처럼 바람 부는 대로 물결치는 대로 오직 내 처지에 만족하며 의지 없이 살아왔음을 자각한다. 교직에 몸담은 후 한평생 그곳을 천직으로 삼고 온갖 정성을 쏟고 살아온 45년 세월이었다.

 가난과 무지에서 벗어나고자 일으킨 개발 독재시대에도 지혜로운 이들은 날쌔게도 도시로 나가 자리를 잡고 요령껏 돈도 벌며 승진도 하고 고대광실 속에서 떵떵거리고 살아가는데, 나는 해묵은 논밭을 갈고 사는 황소처럼 무거운 멍에를 짊어진

채 시골 교단을 지켜온 세월이었다.

윤리와 도덕이 퇴색해 가고, 가치관마저도 거꾸로 서 버리는 물질주의 물결 속에 나는 한 마리 거북이 되어 게으른 행보를 거듭했던 것이다. 그리고 내게 부딪혀 오는 갖은 고난마저도 으레 내가 치러야 할 숙명적 업보라고 여기며 거부할 념도 없이 순응해 온 세월이었다.

쓸데없는 생각은 오직 정신을 상하게 할 뿐이요 허망한 행동은 도리어 재앙을 불러온다 濫想은 徒傷神이요, 妄動은 反致禍라는 도덕관에 사로잡혀 살아왔던 것이다. 그리고 그것은 불교에서 말하는 오욕경五慾境에 물든 망념妄念이며, 쓸데없는 분노요, 우둔하고 미련한 세 가지 독소三毒와 상통하는 진리로 인식하며 살아왔다.

나는 긴 한숨을 내리 쉬었다. 정말 잡된 상념에 사로잡혀 있었나 보다. 이런 의식은 어쩌면 상층의식 밑바닥에서 곰실거리던 잠재의식이 한 번쯤 고요한 사색의 나래를 펴고 아지랑이처럼 피어 오른 현상일지도 모른다.

엊그제 밤 지허 스님의 강론이 생각난다. '반야般若의 참뜻에 대한 설법이 있었는데, 그것은 깨달음을 얻는 진실한 지혜에 대한 문제였다. 그 진실을 바르게 꿰뚫어 보는 지혜란 이 세상에 존재하는 모두를 전체적으로 파악하는 지혜를 말하며, 이러한 지혜로 깨달음을 얻게 되면 불타가 될 수 있으므로 반야般若를 일명 불모佛母의 품안이라고 일컫는다.'고 했다. 그리고 '그 중 실상반야實相般若는 일체의 존재가 모두 공空임을 알고, 모든 잡된 마음으로부터 떠나게 하는 지혜'라고 말했다. 정녕 그럴 것 같다고 새삼 새겨들었다.

그토록 무섭게 휘두르며 뭇사람의 기골을 옭주리던 권력자도, 그렇게 화려한 돈방석에 앉아 떵떵거리며 살던 부호도, 만인의 부러움을 받으며 명성을 드날리던 유명인사도, 일단 그 자리에서 물러나거나 병들어 눕게 되거나, 한 시대가 크게 소용돌이치는 날에는 하루 아침에 물거품이 되어 마의공수麻衣空手가 된다는 사실을 우리는 수없이 보아왔기 때문이다.

나는 다시 현실 의식으로 돌아왔다.

행적을 감춰 버린 송사리 떼들을 다시 불러오기 위해서는 그들에게 먹이를 던져주어야 한다. 나는 먹다 남은 빵 부스러기를 물 위에 던져주었다. 순간 잠적했던 그놈들이 일순간에 모여들었다. 어떻게 냄새를 맡고 모여드는 것일까? 모여든 그들은 또 한 번 소유에의 쟁탈이 벌어졌다. 그 상황이 눈물겹도록 애처롭게 느껴지는 순간, 나는 눈길을 돌리며 인간 세상을 떠올렸다. 그리고 물 속에 담가 놓았던 음료수 병을 집어 올려 그 진한 액즙을 입안 가득히 쏟아부었다. 그것은 흔들리는 마음의 끝자락을 조용히 추스르고자 함이었다.

먼 바다, 그 바위섬들의 인상

나는 바다와 섬을 좋아한다.

거기 대를 이어 살아가는 주민들이 있어, 날이 새면 바다에 나가 고기를 잡고, 밤이면 집에 돌아와 오손도손 이야기꽃을 피우는 아늑한 섬도 좋지만, 육지에서 멀리 떨어져 있어, 태초가 그윽이 서린 바위섬이면 더욱 좋다.

어느 해던가. 우리는 포항에서 페리호를 타고 모처럼 그리던 울릉도를 찾아간 일이 있다.

그 때 이틀 밤을 묵으며 울릉도의 절경에 도취되었던 우리는 더욱 큰 욕심이 생겨, 기왕이면 독도까지 다녀오기로 의견을 모았다. 그리하여 그 지역 해운청과의 교섭을 통해, 기관선 한 척을 빌어 타고 막내 섬을 찾아갔었다.

멀리에서 바라볼 때는 수평선 위에 떠 있는 하나의 작은 바위섬이었는데, 점점 가까워지자 두 개의 섬으로 분리되었다. 쾌속정으로 두 시간 나마, 정확히 말해서 울릉도에서 동남쪽 80킬로미터 해상에 떠 있는 독도를 찾아간 것이다.

동도東島, 서도西島로 선 2개의 암산, 그리고 그 주변에 산재해 있는 수십 개의 작은 돌섬들이 이 2개의 어버이 섬을 옹위하듯 여기저기 떠 있었다.

경상북도 울릉군 남면에 속해 있는 0.186 평방킬로의 섬. 동도, 서도 사이에 난, 수로 같은 바다의 폭은 겨우 110미터에서 160미터 정도로 이웃하고 있었으니, 그것은 함께 붙은 섬이랄 수밖에 없다.

때묻지 않은 태초의 섬이요, 원시의 숨결이 감도는 이 두 섬은 마치 숫처녀 숫총각이 얼싸안고 사랑을 속삭이고 있는 형상이랄까.

거기, 나무만 자랄 수 있었더라면 얼마나 좋을까 하고 아쉬움이 일었지만 그런 기대는 이 암석의 자연이 용납하지 못한 모양이다.

나무 한 그루 없는 벌거숭이 섬에는 습습한 바위틈에 작은 풀들이 돋아 있었고, 해묵은 이끼가 파랗게 살아 숨쉬고 있었다.

이 섬은 '우리 섬이다.' 하는 따위의 일본측 망언을 우리는 따지고 싶지 않다. 그것은 역사적 기록이 이미 수없이 증명해 주고 있기 때문이다.

나는 눈을 지그시 감고 그 정상에서 섬 아래까지 능선을 따라 훑어 내렸다. 마치 설악산 봉우리 하나를 이곳에 떼어다 놓은 것 같다.

대형 화폭에 산수도를 그릴 때처럼, 굵다란 붓에 먹물을 듬뿍 찍어 잡고 그 정상에서부터 저변까지 힘껏 그어 내렸을 때의 통쾌감이 우러나는 절벽의 도도함이랄까. 농담濃淡을 적절하게 배합하여 몇 번을 거듭 내려그었을 때 우뚝 솟아나는 절벽의 미美라고나 할까?

언젠가 남해의 명승지 해금강을 찾아간 일이 있다. 그 절경을 보지 못하면 죽어 극락에 가서 제왕전에 자랑할 말이 없게 된다는 그 해금강이었다.

하늘 높이 솟아난 암봉 위에 뿌리를 박고 수백 년을 살아왔다는 향나무의 가없는 생명력을 바라보며, 나는 입을 다문 채 아무 말도 하지 못했다.

그 암벽 사이를 배가 후비고 들어갔을 때, 까마득히 올려다보이는 푸른 하늘이 그 자리에 열 십十 자를 그려 놓았다. 그것은 이마를 맞댄 네 개의 바위 기둥이 그려낸 열 십자 별 모양이어서, 십자성바위라고 부르는 모양이었다. 그때 그 절벽 이마에서 똠방똠방 떨어지는 물방울을 손바닥에 받아 마시면 백 년을 더 산다기에 나도 손바닥으로 떨어진 물방울을 혀로 핥아 마셨다. 나는 마치 하늘이 내려주는 생명수를 받아드는 느낌이 들었다.

하 넓은 바다 위에 성벽같이 서 있는 바위섬을 바라보며 몇 억만 년을 살아왔을 긴 시간을 상상해 보았다. 그리고 그 암석의 정상에 뿌리를 박고 아직도 파랗게 숨쉬고 있는 소나무를 바라보며 하찮은 인생의 무게를 슬프도록 느껴 보았다.

그 시원스런 풍광은 홍도에서도 마찬가지로 볼 수 있었으나, 관광객들이 법석대는 바람에 그 섬의 정적미와 신비감은 완전히 깨져 버렸다.

섬은 섬으로 존재해야 한다. 그리고 거기 조물주가 주물러 빚은 석상들이 함께 살아 숨쉬어야 한다. 지난 6월 초승, 난생 처음 금강산에 갔을 때, 그곳 만물상과 구룡연 길에서 우러러 보던 천하만상의 기묘한 암석과, 흘러내리는 옥류동 계곡의 물은 정녕 지상에서 처음 보는 옥수였다. 이 땅에 이런 신비경과 정결한 산수경이 아직 남아 있었나 생각하며 나는 연신 감탄사만 토해냈다. 그리고 그 산이 우리 남한 땅에 존재해 있었다면 과연 지금쯤 어떤 모습을 하고 있을까 하는 상상도 해보았다.

그러나 한 가지 분명한 것은 단순하고 밋밋한 산보다는 태초가 숨쉬는 암산첨봉이 좋고, 밋밋하게 흐르는 강물보다는 하 넓은 품안에 지상의 물을 모두 포용하는 바다가 좋다. 그래서 바다는 너그럽고 사랑 깃든 어머니 품안 같은 존재가 아닌가? 해불양수海不讓水란 말과 같이 바다는 세상의 온갖 물을 사양하지 않고 그 품안에 담아둔다.

그런 바다에 고요히 안기운 섬들은 5백억 년의 세월을 서로 부딪쳐 부서지고, 깎이고, 패이는 상쟁과 인종의 세월이었을 것이다. 그러나 바다는 섬이 있고서야 바다다운 정취가 있고, 섬은 바다를 떠나서는 감히 섬이 될 수 없으니, 그야말로 상호 보완의 존재일 수밖에 없다.

진종일 와서 씻고 닦아주는 파도. 이따금 큰 배, 작은 배가 다가오는 날이면 그 감췄던 몸매를 속속들이 드러내보이는 섬. 그래서 섬의 풍치는 육지인들이 들어오면서부터 깨어지기 시작한다.

거기 술과 노래와 춤이 뒤범벅이 지는 인간들이 밀려들면, 그 순수했던 섬은 덕지덕지 때가 묻어가고, 개발이라는 미명이 스며들면 섬은 큰 상처를 입고 무너져 간다.

우리의 연안 섬들이 모두 그렇게 변했고 제주도 또한 그렇게 변해 가고 있지 않은가?

섬. 그것은 낭만적인 존재이면서 우리가 사랑하고 보호해야 할 우리의 애인이다.

깨달음을 위한 교훈

4월이 꽃의 달이라면 5월은 신록의 달이다.

거리마다 지방마다 벚꽃 축제가 한창이더니 어느덧 그 들떴던 꽃 축제들은 속절없이 스러져 갔다. 그야말로 화무십일홍이요, 녹음방초승화시綠陰芳草勝花時다.

그래서 꽃은 화려하지만 단명하고, 신록은 세 계절을 장수하며 그 품에 열매를 달고 살찌워 성숙한 열매를 익혀 우리 인간에게 선사한다. 마치 아들 딸 낳아 길러내고 가르쳐 내어 제 구실을 할 수 있을 때까지 정성과 사랑을 쏟아주는 어버이처럼 말이다. 또한 철없는 제자들에게 지식의 눈을 띄우고, 사람됨을 위해 채찍질하는 스승의 고마움과 같이….

그 값진 은혜를 생각게 하는 5월은 그래서 가정의 달이요, 보은의 달이다.

이런 사랑과 감사의 달에 태양처럼 밝고 위대한 가르침을 안고 오신 분이 부처님이시다. 올해로 2,552돌의 탄일을 맞는 오늘, 햇볕이 밝고 따뜻하다.

룸비니 동산에서 무우수無憂樹 가지를 잡고 진통을 겪으며 낳아주신 마야부인. 그 몸에서 태어나자마자 곧바로 일어나 일곱 걸음을 옮기면서 자국마다에 아름다운 연꽃을 피우셨다는 동자 부처님. 그분께서는 한 손으로 하늘을 가리키고, 또 한 손으로 땅을 가리키며 "하늘과 땅 사이에 오로지 나만이 홀로 존귀하다天上天下 唯我獨尊." 하고 외치신 석가여래이시다. 여래如來란 여실히 이 땅에 오셨다는 뜻의 이름 붙임이다. 그리고 여래께서 외치신 그 말씀은 오만스런 말씀이 아니라 오직 이 땅의 중생들을 자비의 손길로 구원해 주시고 어둠 속에서 깨어나게 하기 위한 깨달음에의 외침이었다.

인간은 눈·귀·코·혀·몸·뜻眼耳鼻舌身意의 육관六官을 통해 현상적 탐욕을 넘어 깊고 깊은 깨달음을 통해야만 부처가 되고 존귀한 사람이 된다는 가르침이다. 다시 말하면 인간에게 이런 탐진치貪瞋痴 삼독三毒에서 벗어나는 깨달음이 없다면 그것은 이성 없는 짐승과 다를 바 없을 것이다. 요즘 같은 물질만능주의 시대에는 날로 삶이 어둡고 탁해져 가기 때문에 사람들은 자주 욕심이 일어나고貪, 그 탐욕이 뜻대로 이루어지지 않으면 성瞋을 내게 되며, 그러다가 서로를 미워하고 속이고 싸우는 어리석음痴을 저지르게 된다.

우리는 많이 가지려고만 하지 말고 적게 수확하더라도 남에게 나누어 줄 줄 아는 보살심이 있다면 살기 좋은 세상이 될 것이다.

이런 탐욕과 성냄과 어리석은 행동이 가득 찬 세상은 서로가 서로를 반목하고 다투고 싸우게 되는 것이므로 결국 인간세계는 크고 작은 전쟁이 끊임없이 일어나게 될 것이다.

불교란 그렇게 어려운 이론이나 행하기 어려운 가르침이 아니다. 쉽게 말해서 '악한 일을 하지 말고 선한 일을 하여 스스로 마음을 맑게 하면 이것이 곧 부처의 가르침이다. 諸惡莫作 衆善奉行 自淨其心 是諸佛敎'라는 간단한 구절로 표현하고 있다. 그러나 이 짧은 교훈은 뜻보다 행함이 매우 중요함으로 이 가르침을 깨닫기 위해서는 깊이 명상冥想하며 하루하루 자기 성찰을 게을리 하지 말아야 할 것이다.

반야심경般若心經의 짧은 경문이나마 읽고 외우고 그 뜻을 새김으로써 가르침을 깨닫게 된다면 영원히 죽지 않는 영생불멸의 세계에 도달할 것이다.

오늘 우리에게 영원한 생명과 광명을 가져다 주신 부처님 오신 날을 우리 모두 정한 마음으로 봉축하며 아둔하고 어리석은 생활에서 하루 속히 깨어나야 할 것이다.

빈손으로 왔다 빈손으로 가는 인생이니, 남을 짓밟고 나만 잘 살고자 아귀다툼을 벌이는 속진俗塵에서 벗어나 '너는 나로 인하여 존재하고經由能經, 나는 너로 인하여 존재한다能由經能,

둘 모두를 알고자 하는가欲知兩段, 원래는 깊고 깊은 한 뿌리인 것을原是一空'이라는 이 의미를 우리 함께 되새겨 보아야 할 것 같다.

사월 초파일의 햇볕이 청순한 신록 위에 은혜처럼 쏟아진다. 그 신선한 나뭇가지에 어둠을 밝히고 있는 수박 등 같은 연등을 바라보며 어버이는 아들딸을 사랑하고, 자식들은 부모를 공경하며, 스승은 제자를 올곧게 가르쳐 본 보이고, 제자는 스승의 그림자도 안 밟는다는 전통적 스승 존경심을 생활처럼 실천해 나가는 5월이 되자.

그럼으로써 절망을 떨치고 일어나 꿈과 희망을 되살리는 오늘을 합장하여 맞이하자.

이름 석 자에 걸린 일생

 이 세상 만물은 그것을 가리켜 부르는 이름이 있다.
 이름 있음은 존재를 인정받는 일이요, 이름 없음은 존재 가치 없음을 뜻한다. 사람은 태어나면서부터 이름이 붙는다. 그리고 한 번 부르기 시작한 그 이름은 평생을 그 사람과 함께 살아간다. 이름이란 말 뜻 자체가 무엇이랴. '이르다(云謂)'라는 동사의 명사형에서 전성된 보통명사이지만, 일단 이름이 붙으면 그것은 고유명사가 되어 버린다.
 자손을 소중히 여긴 우리 조상들은 질병이 많았던 시대에 살면서 혹여 망실될까 염려하며 건강 장수하는 이름을 지어 '쇠돌이', '돌쇠', '바위', '왕솔이' 등으로 부르기도 하고, 딸만 연속 출산하는 집안에서는 '딸그만', '딸막이', '끝레', '끝순이' 등으로 부르기도 했다. 그리고 이름은 천하게 지어 불러야 오래 산대서 마당쇠, 개똥이, 말똥이, 언년이 등으로 불렀다.

이렇게 순수한 우리말 이름으로 지어 부르던 시대가 차차 한문의 유입과 함께 유교 윤리 사회로 발전하면서 씨족 계보의 위상 확립을 위한 항렬行列자 작명시대가 열렸다.

그것은 한 지붕 밑에 3, 4대가 함께 살던 대가족제도 하에서 흔히 생길 수 있는 씨족 서열의 무질서를 바로잡기 위해서였다. 그것은 나이 어린 삼촌과 나이 많은 조카들 때문에 생기는 서열 혼란을 막기 위함이었을 것이다.

그러나 엄격했던 그 항렬 질서도 민주사회의 발전과 함께 차차 그 존엄성을 잃어갔고, 더구나 우리 글 전용시대에 들어와서는 일상생활 용어에서 난해한 한자 사용이 억제되거나 기피되면서 작명 방법도 크게 흔들리기 시작했다. 그리하여 한글 세대들은 아름다운 우리말 이름짓기에 익숙하게 되었다. 예를 들면 강한별, 한아름, 한송이, 김잔디, 강여울, 이보람…. 등, 갖가지 좋은 뜻의 이름이 지어지게 되었음은 긍정적인 추세로 받아들여졌다. 사실 항렬자를 중시하던 시대에는 오로지 이름 두 글자의 뜻만을 살리어 지음으로써 그 이름을 성姓과 함께 붙여 부르게 되면 거기 묘한 우리말 별명이 생기기 일쑤였다. 예를 들면, 지결하池潔夏가 죽여라, 살려라가 되고, 고기전高基全이 고기전 생선전으로 불리우는 별명이 생겼다. 위 이름에서 여름 하夏자와 터 기基자는 지씨, 고씨 가정의 항렬자다. 그러므로 이름만으로 부를 때야 그 뜻이 얼마나 좋은 이름인가.

이런 항렬 자 뜻 맞추기 이름은 이 외에도 너무나 많기에 문제다. 이병원李秉元-이 병원 저 병원, 육갑수陸甲修-병신 육갑하네, 최종회崔鍾會-마지막 판이구나, 김순경金淳經-평생 순경이냐, 나한자羅漢子-나환자 문둥이, 김원창金元昌-김원장, 박원장, 고사리高士里-고사리, 도라지, 주길순朱吉順-죽일순 없구나 살려주지, 성주행成周行-성추행장이 등, 참으로 많다.

그러나 어떤 항렬자 이름에는 거꾸로 긍정적인 이름도 있긴 하다. 예를 들면 조하요趙夏耀-참 좋아요, 조용한趙容漢-참 조용한 사람, 최우선崔禹善-최우선으로 주자, 우연희禹然喜-우연히 만났네, 이기자李基子-이기자 우리, 진선미陳善美-진선미 미스코리아, 박사임朴士姙-박사님 석사님, 김부자金富子-돈부자 금부자, 오복만吳福萬-오복五福만 가득 주소, 지성인池聖仁-지성인知性人 교양인 등이 있다.

그러므로 이름은 반드시 성과 함께 붙여 보고 어떤 별명이 생기지 않는지 생각해 보아야 할 일이다. 사람의 이름은 일단 지어 부르기 시작하면 평생 동안 불리게 되고, 어쩌면 죽은 후 까지도 오래 기록에 남게 되니 별명이 생겨 조롱거리가 되면 그 역시 오래 남게 된다.

요즘처럼 우리말 고운 이름 짓기가 널리 파급되어 가는 사회에서는 항렬자를 무시함으로써 선조들의 뜻을 배반한 점도 있겠으나 현대생활 속의 흐름에 맞춰 사는 것도 아이들의 장래를 위해 바람직스럽지 않을까 한다. 예쁜 이름으로 불리면 이름처럼 고운 심성을 갖게 되고, 긍정적 희망적 이름으로 불리게 되면 아이들도 그런 꿈을 안고 자라게 된다. 그러기에 역사 속에 나타난 훌륭한 인물의 이름을 따서 짓는 것도 그 아이가 그 인물처럼 성장하려고 노력하게 되기 때문이다.

긍정적인 뜻을 가진 이름으로 불리는 아이는 성장 과정에서 암암리에 꿈과 희망을 갖고 살아가게 되고, 위인, 학자, 정치가, 애국자, 봉사자의 이름을 따 불리우는 아이는 그 때문에 성취 동기가 발생함으로써 그 기대치에 부응하려 드는 것이다. 그렇지 못한 별명거리 아이의 성장기는 공연한 열등의식과 자기 비하의 심리적 갈등 때문에 늘 위축되어 음침한 성격을 형성할 수도 있으니 이름은 잘 짓고 볼 일이다.

나의 아명은 창식昌植이었다. 그 때문에 아이들은 나만 만나면 어이 김창사구(창자의 방언) 창사구 하며 놀려대는 바람에 기가 죽어지내던 유년기가 있다. 내가 이름 때문에 기죽어 지냄을 안 아버지께서는 그 이름을 버리고 현재의 이름으로 바꿔주셨다. 그러나 내 족보상 항렬자 이름은 재경才經이다. 경주김씨 계림군파鷄林君派 제숙공齊肅公 자손이며, 20세손으로 기록되어 있으나 족보상 항렬자도 쓰지 않고 지내니 나는 정녕 상인常人 출신인지 모른다.

이런 일들은 전적으로 부모님들의 책임에 속하지 않을까? 이름, 그것은 우리들의 존재 가치를 나타내는 표찰이요 초상화다.

땅

 하얗게 고인 무논 바닥을 지친 듯 밀고 가는 이앙기의 엔진 소리가 진종일 들녘으로 흩어진다. 그 바퀴 뒤로 꽂혀 가는 한 뼘 모의 파란 행렬.
 나는 논둑에 서서 조카가 끌고 가는 이앙기 바퀴에 시선을 박고 내 지난 세월을 떠올린다.
 단옷날을 전후하여 시작되는 모내기는 대개 6월 말이면 끝을 내지만, 가뭄이 계속되는 해에는 으레 칠월 칠석까지로 이어진다. 늦모에는 일손이 달리기 일쑤여서 아녀자들까지 총동원되었다. 오전 한 나절은 그런 대로 따라 꽂지만, 저물어 가는 오후가 되면 급한 줄넘기에 허리 펼 틈이 없어 자칫 넘어가는 못줄에 얼굴과 목덜미를 옭히기 일쑤였다. 그런 원시적 농사지기 시절을 벗고 이토록 기계화 시절이 된 것은 얼마나 편리한 일인가.

땅은 생명의 어머니요 희생을 감내하는 인고의 어머니다. 그 품안에서 생명이 움트고 그 사랑 속에 만물이 성장한다. 무너뜨리면 무너져 주고, 밀어내면 물러나 주며, 짓누르면 눌리는 대로 모든 인간의 욕구에 응해주는 순종의 미덕.

땅은 진정 정직한 보상자다.

꽃씨를 뿌리면 꽃을 피워내고, 약초를 심으면 약으로 화답하며, 과일을 심으면 과일을 안겨준다.

땀 흘려 노력하는 이에겐 땀의 보람을 안겨주고, 게으른 자에게는 잡초와 허실을 맛보게 한다.

땅은 신비로운 마술사다.

몸 속 깊이에서 금은보화를 꺼내주고 모래사막에서 석유 자원을 길어 올린다. 천년 만년의 세월을 간직했던 온갖 비장품을 노력하는 자에게만 건네주는 덕성스런 땅. 그러나 땅은 외경스럽다. 분노하면 불덩이를 뿜어내고, 거역하면 지진으로 흔들어 버린다. 천하를 호령하던 절대 군주도 자리에 오르려면 지신에게 제사를 지냈다. 그래서 사직社稷이란 지신과 곡신을 일컫는 말이다.

그런데 그토록 외경스럽던 우리들의 땅이 언제부턴가 돈벌이 상품이 되어 어제는 김 여사, 오늘은 박 사장의 손으로 넘어가고 넘어오는 거래물이 되었다.

높은 산골짜기에서부터 먼 바다의 한 점 무인도에까지 인간의 발자국이 미치는 한은 거기 소유권 쟁탈이 벌어지고 있다.

남의 땅을 약탈하여 식민지로 경영하고, 약소민족을 정복하여 연방국으로 삼던 강대국 침략국들. 내가 서 있는 이 놀뫼들도 한때는 일제가 강점했던 농장이었다. 그야말로 빼앗긴 들이었다. 그래서 시인 상화尙火는 〈빼앗긴 들에도 봄은 오는가〉를 노래하지 않았던가.

우리는 땅 앞에 겸허해야 한다. 그것은 창조주인 하늘 뜻이다. 토지의 왕 김갑순도 천하대국 대영제국도 백 년이 못 가서 모두를 내놓았다. 그래서 인생은 맨손 쥔 나그네다. 충청도 최남단에 자리한 놀뫼 땅은 내가 태어나 자라온 고향이다. 30년 전전하며 셋방살이하던 세월을 접고 퇴직 후 얻어낸 만년의 주거지다. 아파트 13층이니 하늘에는 가까워졌지만 땅에서는 멀어진 공간이다. 그래서 이따금 흙 내음이 그리워지면 교외 길을 거닐며 심호흡을 한다. 향수를 되새겨 보는 산기슭이나 강 언덕엔 토지구획 정리의 푯말이 세워지고 말뚝이 박히며 집들이 늘어섰다.

건축 열기가 뜨거워 가는 이 교외의 땅에는 서까래, 벽돌장, 철근더미들이 내 행로를 가로막고 널브러져 있다. 말뚝과 가시 울타리로 소유권을 표시한 이 공터에도 여기는 내 땅이니 밟지 마시오 라는 칼날 같은 주인의 목소리가 여기저기에서 터져나올 듯한 착각을 일으키며 한 10여 분을 걸어나왔.

불도저가 밀어내 놓은 흙더미 위로 5월의 햇살이 금가루마냥 눈부시게 쏟아진다. 물질문명에 밀려 거미줄같이 분할 당한 이 땅이 나날이 주인을 바꾸고 있다. '이 땅을 급히 팝니다.'라는 플래카드가 커다란 눈망울로 나를 응시한다. 그러니 지금 이앙기가 모를 꽂으며 굴러가는 이 기름진 들녘도 머지않아 또 다른 도시의 모습으로 바뀌어 갈 것을 생각하면 새몰이 하며 게를 잡던 내 유년기의 흙냄새가 자꾸만 그리워지는 것이다.

3부

모나리자의 수난시대
고향에 돌아와도
파닥이는 상념想念
겨울바다
원형圓形의 철학
때늦은 참회의 통곡
토박이의 지역순례
국경 없는 사랑의 꽃

모나리자의 수난시대

 프랑스 칸 영화제 개막을 앞두고 한 행사장의 벽면에 걸린 모나리자 그림이 다양한 모습으로 변형된 것을 보았다. 나는 순간 공연한 심사가 솟아오르며 이맛살을 찌푸렸다.
 그러지 않아도 지난날 모 신문에서 모나리자를 기본 이미지로 하여, 대통령이나 국무총리 등 한국 정치권의 대표 인물을 개나 닭 같은 동물과 합성한 미디어 아트 숨쉬는 트랜지션 모니터-모나리자 2006년 작품이 걸려 있었다.
 그것들은 모나리자 상을 변모시킨 희화적 표현일 수도 있고, 현대미술의 새로운 시도에 의한 창작품일 수도 있겠으나 천하 명품 모나리자 상을 이토록 변모 윤색해서야 되겠는가 하는 생각을 했다.
 나는 그림을 꽤나 좋아하는 편이고, 가끔 그리기도 하지만 화가는 아니다. 그러므로 예술 사조의 변화에 비판을 가할 만한 능력도 없다. 다만 그 명성 높은 고운 얼굴에 수염을 붙여 이상야릇한 동물의 이미지를 자아내게 하는 것은 마치 철없는 어린이가 값진 그림 위에 낙서를 해 놓은 것 같아 무안해지기 때문이다.

사람들은 어떤 값진 물건이나 명성 높은 인간에 대해서는 은근한 질시의 시선을 보내기 쉽고, 좋아하기 때문에 미워하게 된다는 심리적 역반응의 극치를 모르는 바 아니지만, 모나리자의 운명은 500년이 지난 세월에 많은 시련을 겪어오는 것 같다.

몇 년 전 서구 6개국을 방문하게 되었을 때, 프랑스에 들어가 루부르박물관을 관람한 일이 있다. 너무나 광활하고 엄청난 전시물 때문에 거의 하루를 다른 일행과 떨어져 지내면서 진종일을 그 곳 전시품에 매료된 일이 있다. 그 곳의 작품들은 그렇게 나를 끌어안고 놓아주질 않았던 것이다.

그 숱한 보배 중에 두 번째 보배로 인정되는 것은 역시 모나리자 상이었다. 그림, 건축, 조각의 천재로 불리던 레오나르도 다빈치가 24살 때 그렸다는 이 초상화는 1503년부터 1507년 경까지 4년이란 세월에 걸쳐 그린 것이라 하는데 아직도 미완성의 그림으로 남아있다는 것이다. 그러니 걸작 하나를 남기기 위해 이토록 오랜 세월을 바쳐야 했던 그들의 정성에 새삼 경의를 표하기도 했다.

그가 만년에 프랑스로 초청을 받아 갔을 때 프랑수아 1세는 그의 작품을 1만 2천 프랑으로 사 주었다고 하니 그 그림 값이 얼마나 고가였는가도 가히 짐작할 만하다.

전하는 바에 의하면 이 그림 속의 주인공은 프랑스 르네상스 시대, 어느 공작부인의 모습을 그린 것이라 하는데, '모나리자'란 '나의 사랑하는 여인이여'라는 뜻이며, 원서 명으로는 '라조곤다' 라고 불린다. 그런데 그 모델에 대해서는 여러 설이 난무하고 있다. '줄리아노 데메디치'의 애인이라는 설이 있는가 하면, '만토바 후비侯妃'인 '이사벨라 데스테'의 초상이라는 설도 있다. 어떻든 그 수수께끼와 같은 한 여성의 이 야릇한 미소는 예로부터 오늘에 이르기까지 긴 세월을 성스러움과 속됨의 양극적 평가를 받고 있으니 그 가치는 과연 누가 판결해야 할 것인가?

그러나 범부凡夫인 내 눈에는 어찌 보면 아름답게 느껴지기도 하고 어찌 보면 별스럽지 않은 여인의 미소같이 보이기도 한다. 그래서인지 하버드 대학의 르네상스 역사학자인 프랭크 페렌바흐 교수는 모나리자는 아름다운 그림이지만 우연한 사건 덕분에 유명해졌을 뿐이라고 말했다. 이렇게 갖가지 추측과 논란이 모나리자를 르네상스시대의 대표적 작품으로 부각시켰고, 또한 19세기 초반 근세 낭만주의 운동이 이 작품을 유명하게 만드는 역할을 했다고 말한다.

작가들은 대개 그의 미소가 어떤 비밀을 감추고 있다고도

하고, 모나리자야말로 진정한 판파탈femmefatale '즉 남성을 유혹해 죽음이나 파멸의 구렁으로 이끄는 여성-요부妖婦'라며 갖가지 이미지를 만들어냈다는 것이다.

그리고 보니 그 온화한 매무새에는 깊은 지성과 감성이 함께 깃든 것같이 보이면서 야릇한 관능적 감각이 풍기는 것같이도 보인다.

어떻든 동양 사상의 자연주의적 미를 내포한 이 자연과 인간과의 조화적 미는 레오나르도 다빈치의 전 재능을 총 집약해 놓은 것이라 할 수 있을 것 같다. 그러기에 오늘날 많은 화가들이 갖가지 아티스 펙로럼으로 변모시키고 있는지 모른다.

1911년에 한 번 도난을 당했으나 13년 만에 다행히 반환되었고, 1935년에는 볼리비아에서 온 어떤 홀아비에게 돌멩이로 얻어맞은 적이 있어, 그 뒤로는 숫제 유리관 속에 보관하여 놓고 '사진촬영 금지', '악수 금지' 등의 금고령을 발하기도 했으니 저절로 웃음이 나온다.

언젠가는 이탈리아의 페인트 공이 피렌체의 고미술 상점에다 이 그림을 훔쳐가 팔려다가 들통이 나서 경찰에 잡혀가기도 했고, 세계적 미술가 피카소도 이 그림을 탐냄으로써 탈취성이 있는 사람으로 관의 리스트에 오르기까지 했다는 이야기도 있다.

그러고 보면 이 그림이 구상화가 되었든 추상화가 되었든 또 어떤 주의의 그림이 되었든 간에 이 그림이 지니고 있는 미의 다양성과 함축성에는 고금동서를 막론하고 탐내는 눈길을 보내는 것이 사실인 것 같다.

 이 작품이 진품이냐 모조품이냐 하는 시비는 아직도 남아 있으나, 그 그림의 신비한 표정을 읽어낸 사람이라면 과연 진품이구나 하는 생각이 들게 한다. 이 그림이 신비로운 것은 내가 서서 바라보는 시선의 각도에 따라 그의 눈길이 나를 따라 돌아오고 있으니 이것은 정녕 마력 있는 신품이 아닐 수 없었다.

 이런 신품이기에 후세 작가들은 이 그림을 가지가지 이미지로 구현해 내어 그 속에서 독창적인 비유적 의미를 창출해 내려고 하는 모양이다. 그러나 나는 그 신기한 작품만은 원형 그대로 놓아두고 평생을 그리다 간 레오나르도 다빈치의 예술 정신을 경건한 마음으로 찬미해 보기를 바라는 마음이다. 그 명화를 변모 조작하는 것은 마치 명화나 명품 위에 오물을 끼얹거나 흠집을 내는 느낌이 들기 때문이다.

고향에 돌아와도

 고향을 떠나 산 지 40여 년이니, 나는 분명 떠돌이 나그네요 실향민이었다.
 종이 쪽지 한 장으로 이리저리 옮아 다녀야 했던 신분이고 보면 고향은 타향처럼 낯설게 되고 타향은 고향처럼 살면서 정이 들기도 했다.
 하기야 '고향이 따로 있나 정들면 고향이지'란 노래도 있고, 인생도처 유청산人生到處 有靑山이란 말이 있으니, 어딜 가나 사람 살 곳은 있기 마련인 것 같다.
 옛날 선비들은 학문이나 출세에 뜻을 두고 고향 문을 나설 때마다 비장한 결의를 새기며 부모 슬하를 떠났다 하니 '남아입지 출향관 하면 약학불성 사불환男兒立志 出鄕關 若學不成 死不還'이라 읊지 않았던가? 그런데 평생 교단을 지키며 살아온 교직자들의 한살이는 평생을 한 길을 걸어도 늘 제자리에 머물다 보니 금의환향錦衣還鄕이란 말은 사뭇 사치스런 단어에 불과한 것이었다.

고향이란 그 사람이 나고 자란 정든 곳이라 한다면 그곳은 연고가 있는 땅(언덕)이요 인연 깃든 곳이 아닐까? 그러므로 고향을 별칭하여 고구故丘, 고리故里, 고산故山, 고원故園 등으로 불리우기도 한다.

또한 조상들이 대를 이어 살아온 땅이기에 고토故土요, 부모님이 낳고 기르신 모정 배인 곳이기에 모토母土, 모향母鄕이라 불리우는 것이 고향이다.

그래서 고향은 어머니가 살아 계신 곳이어야 참 고향이요, 철없던 시절의 동심이 깃든 곳이어야 진짜 고향일 것이다. 그렇기에 어머니가 계시지 않은 고향은 마치 장인 장모가 없는 처갓집과 같은 쓸쓸한 곳으로 전락할 수가 있다. 그래서 고향은 영원한 사랑의 요람이요 아름다운 추억이 깃든 땅이라 하겠다.

동서고금을 막론하고 고향을 노래한 시와 노래는 너무나 많다. 그것은 인지상정의 정서일 것이다.

일찍이 정지용 시인은 그의 고향을 그린 〈향수〉를 이렇게 노래했다.

　　넓은 벌 동쪽 끝으로 옛이야기 지줄대는 실개천이 휘돌 아나가고

얼룩배기 황소가 해설피 금빛 게으른 울음을 우는 곳
그 곳이 차마 꿈엔들 잊힐리야…(생략)
— 〈향수〉의 일절 —

이라 읊었고,
노산 이은상 시인은 그의 〈가고파〉란 시조에서

내 고향 남쪽바다 그 파란 물 눈에 어리네
꿈엔들 잊으리오 그 잔잔한 고향바다
지금도 그 물새들 날으리
가고파라 가고파…
— 〈가고파〉의 일절 —

라고 읊었다. 정지용과 이은상, 그들은 각기 다른 강촌이나 갯마을에서 살았지만, 그들의 가슴속에 깊숙이 담긴 아리한 고향의 영상만은 한결같이 아름다운 동심이요 그리움이다.

고샅길마다 수없이 찍혔을 발자국, 칡뿌리 캐 먹던 앞 뒷산, 멱을 감던 앞 냇가, 조개 줍던 갯마을, 밀려오는 푸른 파도… 이런 개구쟁이 시절의 고소한 기억들이 살아 숨쉬고 있는 고향들이다.

그런 고향을 등지고 낯선 타관 땅으로 떠돌아다니던 방랑의 세월은 몸도 마음도 반 너머 이방인으로 바꿔 놓았으니, 산천도 변하고 인간들 또한 변한 모습이어서 자꾸만 낯설고 외로워진다.

수구초심首邱初心이란 말이 있다.

말 못하는 여우들도 죽을 때가 되면 제가 살던 고향 언덕으로 머리를 돌리고 죽는다는 속설이 있고 보면, 인간들이야 더 일러 무엇하랴. 그러기에 나도 퇴임 후 그리던 고향으로 돌아왔다. 누대를 이어 농사지기로 살아온 고향이요, 선조들의 유골이 묻힌 고향이며, 이웃들의 정이 함께 배인 고향산천이었는데, 모처럼 돌아온 고향은 변해버린 세상사만큼이나 타관처럼 낯이 설어져 버렸다.

앞산은 무너져 큰 길이 새로 났고, 초가집 고샅길도 사라졌으며, 마을 앞 느티나무도 자취를 감췄고, 실개천도 까마득히 묻혀 버렸다. 뛰놀던 친구들은 거의 다 저승으로 돌아갔고, 낯선 타관 사람들이 들어와 새 집 짓고 살아가고 있다. 유년의 꿈이 가득 뒹굴던 초등학교는 폐교가 되어 버린 채 반 너머 흉가가 되어 있고, 고향을 지켜온 몇몇 늙은이들만이 하우스 농사를 지으며 무계절을 살아가고 있다.

산천도 변하고 인간도 변했으며, 그리도 곱던 이웃들의 인정마저 모두 변해 버린 세상이니, 나의 옛 고향은 도대체 어디 가서 찾을 수 있을까?

허망한 마음 누를 길 없어 마을 앞산 왕재산 언덕에 올라 마을을 내려다보았다. 쓸쓸한 향수의 기운이 눈시울을 적신다. 내가 어느새 이렇게 늙었단 말인가? 그리고 한평생 이루어

놓은 일은 또 무엇이란 말인가? 그저 허허롭기만 하다.

고향에 고향에 돌아와도 그리던 고향은 아니러뇨 / 산 꿩이 알을 품고 뻐꾹새 제철에 울건마는 / 마음은 제 고향 지니지 않고 / 먼 항구로 떠도는 구름 / 오늘도 뫼 끝에 홀로 오르니 / 한 점 꽃이 인정스레 웃고 / 어린 시절에 불던 풀피리 소리 아니 나고 / 메마른 입술이 쓰디쓰다 / 고향에 고향에 돌아와도 그리던 하늘만 높푸르고나
― 정지용의 〈고향〉

타국 땅 돌고 돌아 정든 고향에 돌아온 그의 반세기 전의 향수가 오늘날의 내 가슴에 예언처럼 메아리짐은 우연한 일이 아닐 것이다.

나는 나의 마지막 일터를 이곳 놀뫼 고향에 돌아와 마쳤다. 3, 4대가 한 지붕 밑에서 존경하고 사랑하며 오순도순 살아오던 대가족주의는 이미 고담소설 속의 이야기가 되어 버렸다. 나도 민들레처럼 자손들을 모두 떠나 보내고 이제 혼자 남아 하얗게 늙어가고 있다. 4남매 아들 딸 모두 도시에 두고 나만 빈손 쥐고 고향으로 돌아왔다. 이사라야 솥단지에 식기 몇 개, 그리고 남들이 신통치 않게 생각할 책 더미나 큰 보물처럼 싸들고 40여 년 만에 환 고향 한 것이다.

하기야 인간과 차와 쓰레기와 탁한 공기가 부옇게 서리는

도시를 떠나온 것은 다행스럽고 시원스러운 일이다.

저 멀리 비단강錦江 줄기가 휘돌아나가고, 높지도 낮지도 않은 나직한 산들이 부드럽게 엎드린 이곳 갈메 마을. 이곳은 나와 내 발가둥이 친구들이 철따라 떼지어 올라와 버섯을 따고 칡뿌리를 캐어 씹고, 까치집에 기어올라 까치 알을 꺼내다 굵은 파 줄기 속에 깨어 넣곤 삭정 가지를 모아 불을 피워 구워먹던 놀이터다.

그러나 이곳에서 바라보는 마을의 공회당 건물은 언제인가 그 자취를 감춰 버리고 그곳엔 크막한 생필품 가게가 세워져 있다. 내 젊은 날의 추억 속에 진실로 가슴 뜨겁게 불타오르던 상록수 정신의 가르침 터였던 그 공회당. 가난하여 취학을 못하고 농사지기의 일꾼으로 자라던 그들을 모아 놓고 주야간 3부제 수업을 하던 시절의 보람은 문맹 청소년들을 눈 띄워 근처의 초등학교로 편입시킴으로써 그들의 미래를 열어 주었던 곳이다. 그것은 오직 심훈의 상록수 소설에 감동한 나머지 나도 채영신이처럼 가르치는 상록수가 되고 싶어서였던 것이다.

그 무렵 그 공회당 뜰에 매달려 시간을 알리며 까랑까랑 울리던 종소리가 귀에 쟁쟁 울려오는 것 같은 환청에 젖으며 산언덕을 내려왔다.

이제 내 나이 산수傘壽를 바라보는 오늘, 고향을 회상해 보는 눈초리엔 어느덧 누적누적 눈물이 고여온다.

파닥이는 상념想念

 연둣빛 싱그러운 나뭇잎이 화사한 햇살 아래 하느작이는 5월 초승 오후였다.
 모처럼의 연휴에 마음이 부풀어 흙 내음 그리운 교외로 나가 보았다.
 주홍색 산허리를 갈기갈기 찢어내는 돌격형 불도저가 과로에 목이 쉰 채 털털거리고 있었다. 그 불도저가 밀어내 놓은 도시의 거풀 더미를 밟으며 그저 몇 마장을 걸어나갔다.
 성냥갑 같은 아파트 단지에서 빠져나와, 산기슭으로 벋어나간 오솔길로 접어들었을 때, 나의 발길은 맥없이 멈춰졌다.
 다복솔 한 그루 자라지 않는 십여 도 경사의 이 구릉엔 수백 수천의 좁박 등허리 같은 봉분들이 키를 다투며 말없이 엎디어 있었기 때문이다.

인적은커녕, 새소리 한 줄기 흐르지 않는 적막한 공간에, 다만 소복 단장한 청상의 넋인 양 하얀 싸리꽃만이 군데군데 피어 있다.

내 잡다한 상념들은 순간 와시시 무너져 갔고, 우뚝 선 내 다섯 자 육체는 돌연 장승처럼 꽂혀버렸다.

인생의 종착역에 나와 있는 듯한 착각을 일으키며, 나는 극락과 지옥의 갈림길에 오르는 듯 싶었다.

그것은 일종의 허무의식이 내 천성 같은 센티멘탈로 변형되어 피어난 순간이었을 것이다.

나는 한 사단의 병사들이 사열이나 하듯이, 속죄의 자세로 엎드린 무덤들을 훑어 나가면서, 이유 있는 죽음의 변명을 듣고 있었다.

그러나 내 시선이 서북간에서 동북간까지 백 팔십 도의 원주를 그리고 났을 때, 내 초점은 한 점 푸르른 소나무 가지 위에 매어 달렸다.

묘지 동쪽 끝 언덕바지에 장엄하게 서 있는 한 그루의 노송을 발견한 것이다.

죽음 속의 한 줄기 생명, 침묵 속의 한줄기 숨결이었다.

폐허가 깔린 이 묘지에서 나는 문득 생의 환희를 실감한 것이다.

그것은 마을을 지켜 주는 성황당의 위엄이었고, 짙은 녹음으로 여름을 쉬게 하던 마을 앞 느티나무의 나래 밑같이 보였다.

그것은 끝없는 사막의 여정에서 가까스로 찾아낸 오아시스요, 야자나무 그늘이기도 했다.

나의 발걸음은 어느새 그 육중한 연륜의 등걸 앞에 가서 멈추었다.

나무 발치에 두 자나마 쌓인 엉성한 돌 더미로 보아, 이것이 예측한 대로 성황목임을 알아차렸다.

나무 허리를 둘러맨 나일론 새끼줄엔 하얀 비닐 조각과 헝겊 조각들이 한 뼘 사이를 두고 매달려 나풀거리고 있었다.

어느 무녀의 손에 의해 매어졌을 이 재앙 추방의 염원이, 무언의 축원으로 나부끼고 있다고 느꼈을 때, 나는 또 다른 의식을 발현하고 있었다.

원시 무속에 현대문명이 함께 버무려진 사실 속에서, 이들의 염원은 과연 어떤 색조로 배합된 염원이었을까 하는 문제였다.

그러나 골샌님 같은 내 추리의 송곳은 곧 이 문제를 캐어 나갈 여력을 잃고 말았다. 그것은 더 생각해 보아야 할 일이었기 때문이다.

내 시선은 이제 왕소나무의 드높은 가지 끝으로 기어올랐다.

밤이면 뭇 영혼들이 몰려와 새로운 환생의 꿈을 펼치고, 한낮엔 무덤 속에 스며들어서 긴 잠에 빠질 이 두 곳 시공 사이는, 바로 현세와 후세로 연결되는 지척의 거리라고 추정해 보았다.

죽음이 바로 탄생이요, 탄생이 바로 죽음의 준비라는 불가佛家의 윤회輪廻 철학이, 내 번뇌의 꺼풀을 과감하게 벗겨 주었다.

나의 심령은 저무는 저녁 하늘 꽃 노을 속으로, 은빛 나래를 펴는 한 마리의 비둘기마냥 가볍게 활개치기 시작했다. 저녁 빛에 물들며 까치 한 쌍이 소나무 가지 끝에 날아와 지저귀기 시작했다. 행복한 밤을 준비하는 내밀한 속삭임을 듣는 듯 하자, 나는 문득 '고티에'의 시 〈비둘기 떼〉를 떠올렸다.

> 저기 무덤 흩어진 언덕 위에는
> 푸른 깃털마냥 머리 치켜든 종려 한 그루
> 해거름이면 몰려오는 비둘기 떼
> 보금자릴 틀고 몸을 숨긴다
> 하지만, 아침이면 그들은 가지를 떠난다.
> 알알이 떨어지는 목걸이인가
> 푸른 하늘로 하얗게 흩어지는 비둘기 떼
> 보다 먼 어느 지붕 위에 나랠 접는다.
> 내 영혼은 한 그루 나무
> 밤마다 비둘기 떼처럼 무릴 지어
> 하얀 꿈의 영상이 하늘에서 내린다
> 나래를 파닥이며
> 아침 햇살에 날아가는 꿈의 영상이…

고뇌는 밤마다 우리의 머릿속에 깃을 사리고, 잠 못 이루는 밤을 펼쳐 놓고는 아침이면 햇살을 타고 멀리멀리 비둘기 되어 날아가는 것인가 보다.

겨울바다

산이 사계절 다른 모습을 보여주듯이, 바다 역시 사계절의 영상을 달리한다.

봄바다는 막 잠에서 깨어난 아기처럼 부스스한 눈빛으로 가라앉아 있고, 여름바다는 젊은이들의 향연장처럼 사치스럽고 요란스러우며, 가을바다는 잔치가 끝난 후의 앞마당처럼 어수선하고 적막한가 하면, 겨울바다는 모든 흔들림을 접고 고요히 사색하는 시인의 뒷모습 같다.

그렇게 사철 다른 바다 중에서 나는 유독 겨울바다를 좋아한다.

지난 계절의 희로애락喜怒哀樂을 이성으로 이겨내고, 묵묵히 현실을 포용해온 너그러운 바다. 그는 비록 현실의 고통에 시달리고 있지만 머지않아 다가올 따뜻한 봄을 생각한다.

벌써 10년 전의 일이다.

아내는 혈압으로 쓰러져 결국엔 식물인생이 되어 버렸다. 나와 아내는 전생에 주종지간이었던 것이 틀림없을 것이고, 그것이 현세에 와서는 거꾸로 종주지간이 되었을 것이다. 그렇게 긴 세월을 나는 아내의 병수발을 위해 시종자(侍從者)가 되어 살아야 했다. 그러나 그 정성도 아랑곳없이 결국 그는 먼저 떠나가고 말았다.

그가 숨을 거두던 날 밤은 함박눈이 한 자 가까이 소리 없이 쌓였다. 무덤 걱정을 하면서도 연신 '그가 죽으면 나는 어쩌지…' 하고 자문자답하면서 뜬눈으로 밤을 새웠는데, 이튿날 날씨는 봄 날씨처럼 푸근하여 쌓였던 눈을 완전히 녹여 버렸다.

"나 죽거든 바로 재혼해요." 하던 발병 후의 간절한 목소리는 그 후 영영 듣지 못했다. 듣지 못한 게 아니라 그녀가 말을 하지 못했다.

그를 보내고 난 일주일 후, 나는 흔들리는 심경을 달래기 위해 대천바다를 찾아왔던 것이다.

차갑게 밀어닥치는 파도에 신발이 젖었다. 그 젖은 발이 구두 속에서 꽁꽁 얼어붙어 아리도록 통증을 느꼈지만, 나는 그냥 말뚝처럼 그 자리에 서 있었다.

곧 눈발이라도 내릴 것 같은 회색빛 구름이 수평선까지 가득 덮고 있었다.

겨울은 네 계절의 끝이다. 모든 생명들이 무無로 돌아가는 삭막하고 고독한 계절이지만, 현실의 고통을 참고 넘기면, 윤회하는 자연의 철칙은 결국 새로운 봄을 잉태하리라.

바다가 형성된 것은 아득히 5백억 년의 세월로 거슬러 올라야 한다.

빙하가 녹아 내리어 강이 되고, 지각의 저변을 따라 흘러내린 물은 육지보다 더 넓고 낮은 지면에 담기기 시작했을 것이다. 그래서 생겼을 바다. 이렇게 가정하다 보면, 우리는 금방 화산이 되고, 빙산이 되고, 땅이 꺼지며, 지진으로 흔들리는 태초로 돌아가 그 외경스러움에 두 손을 모으고 앉아 기도하는 자세로 변한다.

좀더 깊이 생각해 보면, 우리 바다는 물의 순환에 있어 최초의 출발이자 최후의 종착점이기도 한 윤회의 회귀 지점을 이룬다. 그러므로 겨울바다는 삶의 터전이요, 죽음의 표상으로 떠올리게 한다. 다시 말하여 겨울바다는 만남과 이별, 상실과 획득, 죽음과 탄생, 절망과 희망의 분기점이 되는 복합적 이미지의 상징어로 떠오른다.

'C. G 융'의 말과 같이, 바다는 모든 생명의 근본이요, 영적 신비의 세계이며, 영원성의 존재이자, 죽음과 재생의 의미로 상징된다. 출렁거리는 바다, 드넓은 대양大洋, 그 품안을 드나드는 크고 작은 배, 그러다가도 불어닥치는 폭풍, 밀어닥치는 파도, 넘쳐 오르는 해일… 이런 공포와 외경심을 인간들은 갖고 산다.

　그러나 '타고르' 같은 시인은 그의 〈바닷가에서〉라는 시에서 해변을 순수무구한 어린이들의 놀이터로 묘사함으로써, 인간과 자연의 친화감을 느끼도록 노래하고 있다.

　'겨울바다에 가 보았지/ 미지未知의 새/ 보고싶던 새들은 죽고 없었네'의 첫 연에서 나는 내 아내의 상실을 절감한다. 치솟아 오르는 망각된 기억은 소멸과 죽음의 공간인 이 겨울바다에서 새삼 떠오르고 있었다. 그가 상징하는 새의 죽음은 과연 무엇일까? 소망과 기대의 상실에서 오는 허무요, 절망이었을 것이다.
　'그대 생각을 했건마는/ 매운 해풍에/ 그 진실마저 눈물져 얼어버리고…'로 이어지는 시구에서 나는 그만 울어버리고 만다. 그것은 좌절과 절망에 가슴마저 무너져내리기 때문이다.
　그러나 그 갈등에 찬 절망은 거기서 멈춰 버리거나 죽음으로 치닫지는 않는다.
　'허무의/ 불/ 물이랑 위에 불붙어 있었네…'로 이어지며 물과 불을 대립시킴으로써 역설적으로 잠재적 정열을 불사른다.
　'나를 가르치는 건/ 시간…/ 끄덕이며 끄덕이며 겨울바다에 섰었네.' … 하략 …
　여기서 시인은 삶의 지혜를 통한 시간 속의 존재 인식을 갖게 하는 변증법적 재활을 노래하고 있다.

나는 이런 겨울바다를 좋아하며, 이 〈겨울바다〉를 노래한 김남조 시인을 좋아한다. 그리하여 내 인생의 모두를 거두어 버린 오늘, 65세 정년의 시간을 이 출렁이는 겨울바다에 와서 찾아보고 있다.

지금 내가 찾아온 겨울바다는 비록 낭만과 정열의 향연은 볼 수 없지만, 그 슬픔에 차서 상실의 아픔을 달래던, 그 해의 겨울바다는 아니지만, 웬일인지 그 날처럼 잊혀진 고독을 씹고 있다.

나는 아무도 없는 해변의 끝자락 바위에 앉아, 그가 남긴 말을 떠올려 본다.

'나 죽거든 곧바로…' 하며 당부하던 아내의 보상적 청원을 그가 떠난 지 10여 년이 된 오늘날까지 실행에 옮기지 못하고 있다. 그것은 그의 청원이 역설적으로 해석되었다는 이유보다는, 전세 후세를 윤회하며 주종지간이 거꾸로 선 운명으로 타고났다는 생각이 깊이 배어 있기 때문일 것이다.

원형圓形의 철학

 내가 태어났을 때는 하얀 백지였고 차차 철이 들면서는 욕심 많은 개구쟁이가 되었으며, 나이가 들어갈수록 견물생심 이기주의자가 되어가면서 간악한 물욕주의자가 되어 물질적 부를 추구하는 데 정신을 팔았다.

 이런 내 성격의 변화를 분석해 본다면 나 역시 순자荀子가 주장한 대로 인간은 이기적인 심성을 근원적으로 타고난 존재임이 분명하다. 다시 말하면 인간은 선천적으로 한없는 욕망을 가지고 태어남으로써 이것을 그대로 방치하면 세상은 싸움만이 일어나 마침내 파멸하고 말 것이기 때문에 예의로서 이것을 바로잡아야 한다고 주장했다.

 더 솔직히 고백한다면 나는 눈이 밝아지고 귀가 바로 열리면서 그리고 교육을 더 많이 받을수록 남이 나보다 잘되고 남이 나보다 더 잘 살며 남이 나보다 출세하는 꼴을 그대로 볼 수 없는 심한 시샘과 투기심이 가열되기 시작했다. 더 솔직히 말하면 나는 이 세상 모든 사람들의 경쟁자요, 그들에게 뒤지고는 못 배기는 심한 승부욕에 사로잡혀 모든 것을 내가 이기고 나서야만 마음 편한 가슴으로 돌아왔던 것이다.

그럼으로써 만사만도萬事萬道가 나만을 위해 열려야 한다는 극단의 길을 걷기도 했다. 그러기에 그 길에는 부모도 형제도 일가도 친척도 없을 뿐 아니라, 나를 도와주거나 나를 인정해 줄 사람은 아무도 없다는 내 에고이즘과 독선주의가 이 세상을 살아가는 실용주의적 철학이요 현실주의 리얼리즘의 종점이라 여겨왔다.

그것은 어쩌면 내가 가난과 무지의 환경 속에서 태어나 아무도 나의 행복과 출세를 위해 따뜻이 도와줄 이 없다는 사고무친 고독 속에서 혼자 자립하려는 강한 몸부림이었을 것이다. 그리고 이런 일은 나 이외의 이 세상 사람들도 다 그렇게 하여 돈도 벌고 출세도 하고 사는 것으로만 알았던 것이다. 그런 나의 불만과 실의와 자학의 순간들은 나를 걷잡을 수 없는 무분별의 판단력으로 굳어져서 어떤 때는 허무주의에 빠져 스스로를 포기하고 술과 담배로 침묵과 우울증에 빠져 살기도 하고, 어떤 때는 새 세상이나 만난 것처럼 나의 작은 성취에도 환호성을 지르곤 했다. 그러나 그 환호성도 우울증의 해소법도 양성반응을 일으키지 못한 채 몇 꺼풀 검은 장막을 뒤집어

쓰고는 이불 속에서 혼자 웃거나 혼자 우는 음성반응을 보였을 뿐이다.

그런 긴 긴 세월은 당초에 큰 감동으로 받아들이며 상록수의 주인공처럼 살아보겠다고 가난과 무지 속에 잠겨 살던 광복 직후의 문맹자들의 눈을 띄워 주기 위해 시작한 야학당, 한글 강습소, K면 공민학교 등의 무보수 강사 생활에서 벗어나 교사 자격검정(초·중·고)을 얻어 월급 받는 교사가 되었고, 초·중등의 교단, 사학공립의 교사, 실업 인문의 고교, 남자 여자고교, 우매한 시골 고교의 선생에서 전국 최우수교에 교사가 되어도 보았고, 그러면서 나처럼 가난 때문에 상급학교에 가지 못하고 학업에 굶주린 방송통신교의 교무주임이 되어 일요일도 반납하고 출석 교육을 시킨 6개년도 있었다.

이런 모든 나의 교단 과정은 나 스스로 천성적으로 굳혀 있는 나 같은 사람들을 가르치기 위해 몸바친 덕분이었다. 그런 일들이 인정을 받아 연구사도 돼 보았고, 장학사도 해 보았으며, 교육감 비서실에서 3대에 걸쳐 그분들의 스피치를 위해 시간을 바쳤다. 그 덕분에 얻은 최후의 출세가 고교교장으로 정년한 종말이다.

그러나 그런 긴장에서 풀려나면서 나는 계속 병원 신세만 졌다. 빙판길에서 미끄러져 발목을 골절 당하여 수술을 하였고, 식도암이 생겨 열 시간 동안이나 대수술을 했으며, 겨우 그 암에서 벗어나려는 7년째를 넘기지 못하고 어지럼병으로 쓰러져 또 두 차례나 입원을 했다. 그러니 병원에 누워 조용히 눈을 감고 있노라면 한 우주가 하얗게 희어 온다. 과연 나는 무엇을 위해 평생을 살았으며 무엇을 위해 앞으로 살아갈 것인가?

이런 만시지탄의 참회는 결국 죽음 직전에서야 내 본성으로 되돌아온 것 같다. 그리고 겸허하게 살다가 가신 큰스님의 생애가 크고 밝은 태양으로 떠오르고 가난과 무지와 병마 속에서 고생하는 저 아프리카 국민들을 위해 평생을 다 바친 슈바이처의 생애나 자신의 삼고三苦를 극복하며 장애자의 어머니로 살다 가신 나이팅게일의 생애가 뜨겁게 떠오른다.

둥근 수레바퀴 붉은 빛을 내뿜으며…로 시작하는 시 한 편을 남겨 놓고 떠나간 성철 스님의 일생은 설산에서 도를 깨우치고 가신 석가의 길을 걸어갔을 것이다.

그럼에도 불구하고 "그 수많은 남녀들의 무리 속에서 그들을 속인 죄 하늘을 덮었으니, 그 업보는 필경 지옥으로 떨어져 마땅하다."는 참회의 글을 남기고 있다.

나는 삼복더위가 기승을 부리는 여름날 계곡에 앉아 물 속에 잠겨 있는 조약돌을 건져 올린다. 그 매끈하고 야무진 조약돌에서 그들의 고귀한 생애를 배운다. 세월 따라 모진 곳은 다 떨어져나가고 오직 매끈하고 원만한 얼굴로 남은 조약돌이다.

일찍이 일본 작가 나쓰메 소오세끼는 그의 작품 구사 마꾸라(草枕 : 풀베개)는 이렇게 말했다.

"산에 오르면서 깊이깊이 느낀 바 있다. 각이 지고 모가 지면 얻어맞기 마련이요, 그렇다고 정(情)에 빨려들면 흘려 보내지게 되니, 인생살이는 정말 살아가기 어렵다."고 했다.

그러니 이제 이 나이 들면서 철이 들었으니 이 얼마나 나의 일생이 고지식하고 허욕과 독선적인 자기 주관에 따라서만 살아왔다는 것인가.

엊그제는 어질병으로 쓰러져 두 번이나 병원으로 실려갔다. 병원에선 생전에 들어보지도 못한 달팽이관이 균형을 잃어 생긴 병이라고 했고, 그동안 지나치게 싱겁게 먹어온 습관과 며칠 동안 구토를 했기 때문에 염분이 보통사람의 5분의 1밖에 몸 속에 남아있지 않아 몸의 균형이 깨어져 심한 구토를 하는 것이라 했다. 꼼짝을 못한 채 며칠 동안 염분주사를 맞고서야 겨우 어지럼증과 구토가 가라앉는 성싶었다. 신기하게도 그 염분주사를 맞고 나니 좀 살 것 같았다. 어지럼증과 구토 증세도 조금씩 가라앉았다. 생각할수록 참 신통한 치료법이란 생각이 들었다.

인간은 죽음 앞에서만 자기의 일생을 참회하고, 병마에 사로잡혔을 때만 모든 이기주의와 물욕주의, 출세주의, 명예주의를 한낱 쓰레기에 불과하다는 것으로 깨달으며 눈을 감는다고 하니, 얼마 남지 않은 마지막 일생을 한낱 조약돌이 되어 살고 싶다. 그리고 그런 자연 속에서 내 빈곤한 심서의 공간에 내가 이 세상에 처음 태어났을 때와 같이 아주 원초적 철부지로서의 하얀 백지를 가득 담아 채우고 싶다.
 왜냐하면 이 모든 결과는 바로 내가 저지른 인과응보의 결과이기 때문이다.

때늦은 참회의 통곡

 당신께서 떠난 지 벌써 18년이니 세월이 참 빠릅니다. 붓을 드니 무슨 말부터 해야 할지 숱한 기억들이 후회 속에서 뒤엉킵니다.
 그 날 그 혼사의 날, 당신 집 마당에 쳐 놓은 채일 위로는 때아닌 봄비가 세차게 쏟아지는 바람에 친구들이 준비해 온 식순들이 모두 생략되어 한 마디 축사의 말도 듣지 못한 채 부랴부랴 걷어치우곤 당신의 시집인 우리 집으로 돌아왔지요. 정말 결혼식치곤 우리처럼 싱겁게 끝난 사람들도 없을 것입니다.
 양가의 하객들은 그 심술궂게 쏟아진 봄비를 행복이 쏟아지는 복비라고 덕담들을 늘어놓았지만 우리는 쓸쓸한 감정 속에 불길한 미래의 예감을 씹으며 돌아왔지요.
 그 때문인지 당신과 나는 정말 뜻하지 않게 한평생을 고독

한 부부로 살아왔습니다. 그것은 모두가 내 탓이요, 내 유별난 출세주의 때문이었지요. 그것은 6·25가 터지면서 이념적 폭풍을 맞아 온몸에 상처를 입고 졸업을 몇 달 앞둔 채 끝내 학교를 중단했기 때문입니다.

나는 일찍이 문학 병이 들어 중학교 2학년 때 심훈의 《상록수》를 읽으며 깊은 감동을 받았고, 나도 소설 속 채용신처럼 문맹퇴치운동을 하며 가난으로 못 배운 소년 소녀들과 청년들을 위해 가르치는 자가 되고 싶었습니다. 그리고 내가 못 배운 한을 독학으로 성취해 보고자 했던 거였지요.

그 때문에 가정도 당신도 돌아볼 겨를 없이 면 소재지 초등학교 양잠실(일제 때 쓰던) 한 칸을 빌어 밤낮 없이 오전반 오후반 야간반으로 나눠 꼬박 10시간씩의 수업을 했습니다. 그러면서 나는 학교 앞의 학부모가 제공해 주는 고마운 세 끼니 밥을 얻어먹으며 독학의 밤을 그 교실에서 지새웠지요. 그 때문에 지금도 당신에게 깊은 상처를 입힌 신혼 당시의 뼈아팠던 일이 생각납니다.

결혼 삼 일 만에 가야 하는 처갓집 재행길을 나의 바쁜 문맹퇴치운동을 핑계로 당신 혼자만 외로이 가게 한 일이며, 혼자서 신혼 방을 지키며 독수공방하는 당신이 너무나 딱하다고 어머니께서는 당신을 친정으로 돌려보내어 3년 동안이나 친정살이를 시키신 일 말입니다.

그 때 나는 당신 생각은 할 겨를 없이 소재지 초등학교 송

교장의 권유로 문교부 시행 교사 검정에 응시키 위해 밤 새워 독학의 길을 가고 있었습니다. 공부하는 데는 술과 놀음과 여자는 금물이라시던 어머니의 교훈대로 나는 당신 생각을 접은 채 오로지 책에만 눈을 박고 살았으니 나의 합격은 영광스러웠으나 당신에게는 정녕 형벌이었습니다. 그러니 그 죄를 어찌 다 용서받을 수 있겠습니까.

초등학교에 교사로 발령받고 당신과 신혼살림을 차린 것은 쌀 서 말과 장작 세 꾸러미와 솥단지와 식기 몇 개일 뿐. 그것도 학교장이 6학년생 진학지도를 시키기 위해 옛 숙직실을 빌려준 덕으로 분가해 온 자리였습니다. 그러나 나는 그곳에 함께 살면서도 밤이면 교무실에서 공부하다가 그곳에서 잠을 자는 세월이 또 3년. 당신은 언제나 생과부 신세였지요. 정말 미안했습니다. 그런 내가 죄를 받았던지 중학교와 고등학교 교사검정에 합격하자마자 5·16이 터져 나는 병종 불합격으로 병역미필을 했대서 모든 공직에서 떨려나가야 했고, 그간 근근이 모아 장리쌀로 맡겨 두었던 쌀 70여 가마도 고리채 신고로 넘어가 못 받게 되었으니 우리는 정녕 따라지 신세가 되고 말았지요. 그 세월을 살아오던 그 날의 아픔을 생각하면 눈물이 지금도 눈가에 맺힙니다.

그 후 다행히 복직이 되어 고등학교 교사로 발령되었지만 번번이 당신과는 따로 따로였습니다. 천안농고에서 강경상고로, 다시 예산 삽교에서 부여로, 그러다가 대전고로 나가게 되었지만, 가난 탓으로 셋방살이밖에 할 수 없었지요. 이래저래 당신은 가난과 셋방살이와 아니면 나의 전근생활 때문에 주말부부가 되어 살아야 했으니 정녕 박복한 여인이었습니다.

그렇게 고독과 빈곤, 그리고 부부사랑에 굶주리며 살았지만 당신은 진정 현모양처로 살아온 이조시대의 선비집 마님이었습니다. 그러면서 가끔은 참았던 고독과 슬픔을 쓰디쓴 미소로 변용하며 내게 유언처럼 말했지요. '나 죽거든 곧바로 새 마누라 얻어서 나와 못다 한 부부생활 꾸리시구려.' 라고요. 이 한마디 말 속에는 당신의 뿌리 깊은 한과 애틋한 사랑에의 갈망이 역설적으로 표현된 의미로 내 가슴에 꽂혀 왔습니다.

당신의 그 위대한 인내와 내조의 힘으로 나는 내가 한처럼 맺혔던 나름대로의 출세를 했지만 당신은 알게 모르게 지병이 었던 고혈압으로 세 번째 쓰러지고는 당신의 친정어머니처럼 식물인생이 되어 7년. 나는 당신을 위해 여러 모로 용하다는 병원을 찾아 입원 치료를 시켰으나 끝내 말 한 마디 못하고 89년 12월 23일 한 많은 내 곁을 떠났습니다.

그리하여 자식들이 사놓은 새 아파트에서 하루도 살아보지 못하고 당신이 그토록 바라던 나의 교장 발령을 두 달 앞두고 세상을 떠났습니다.

나는 그 날처럼 울어본 적이 없습니다. 그것은 때늦은 회한의 통곡이었습니다. 내 고집스런 출세주의는 공부 공부에 시험 시험의 연속이었고, 끝내 내 소망을 두루 이루고 말았습니다만 당신은 평생을 삼종지도의 고달픈 생으로 끝났습니다. 내 나이 이제 내년이면 팔순. 당신의 유언 같은 당부처럼 당신의 외로웠던 일생을 생각하며 지금껏 재혼을 거절하고 18년의 홀아비로 살았소. 나도 갈 나이가 되었으니 살아서 나를 기다리듯 저승에서 나를 기다려 주오. 너무나 답답했던 사연 장황하게 늘어놓았소. 이만 눈물겨운 이야기는 줄여야겠소. 그럼 편히 쉬시오.

                     2008년 4월 20일 당신의 남편

토박이의 지역순례

— 논산의 얼, 그 영원한 정신(1)

내 고향은 충남 논산이다. 일명 놀뫼라고 부르기도 하는 고을이요, 이웃 강경과 합칭하여 놀뫼갱경이라고 부르기도 한다. 마치 전북의 김제와 만경을 합칭하여 징게맹게로 부르거나 경남의 함양과 산청을 합칭하여 함양산청이라 부르는 향토어적 호칭과 같은 것이다.

어떻든 대한민국의 국민이라면 논산을 모르는 이는 없을 것이다. 왜냐하면 이름만 들어도 진저리가 쳐지고 끔찍한 병영생활이 떠오르기 때문일 것이다. 그런데 팔팔했던 젊은 20대가 처음으로 겪어 본 군대생활이요, 이 세상에 태어나 처음 고통스러웠던 체험이기에 오래오래 기억 속에 남는 논산일 것이다. 그러므로 '논산' 하면 군사도시라는 인상으로 남아 있기도 하고, 신병新兵들의 면회 제도 때문에 주말마다 전국에서

군인 가족들이 모여들어 숙박을 하며 아들들의 고픈 배를 채워주기 위해 돈을 쓰고 가던 곳이어서 일명 '돈산'으로 풍자하던 고장이기도 하다.

그러나 사실 우리 논산은 국민들의 인식 속에 새겨진 그런 군사도시만이 아니라, 예부터 선비의 고장이요 예학의 고장이며, 순박한 농민들이 농사지기로 살아온 인정 고운 고향이다.

논산은 1996년 1월 논산, 강경, 연무의 3읍과 12개 면을 통합하여 논산연합시로 승격, 인구 19만 3천에 달하는 충남 6위의 도시가 되었다.

나는 논산고등학교에서 정년퇴임을 하자마자 논산문화원 일과 향토문화 연구회의 책임을 맡아, 시청에서 위촉한 '논산시민헌장' 제정과, 이 땅에 살다 가신 선조들의 정신을 이어받기 위한 논산정신 선양위원회장을 맡아 논산정신 연구 책자를 간행하였다. 여기에 먼저 논산시민헌장의 전문前文을 소개해 본다.

'대둔산과 금강이 어우러져, 들이 넓고 기름진 논산은 계백의 혼이 살아 숨쉬는 충절의 고장이며, 선조들의 정신을 이어받은 예학의 고장이다. 우리는 이를 긍지로 삼아 인심 좋고 풍요로운 이곳에서 꿈을 펼치며 살아간다.(이하 실천강령 5조는 생략)'로 하여 공설운동장 정문 앞 광장에 헌장비를 세운 바 있다.

그리고 이듬해인 1998년에는 1년 간의 연구 끝에 '논산정신' 선양 책자 간행을 위해 1년 간을 역사와 향토사 속에 나타난 선조들의 삶의 자취와 정신을 발췌 성문하여, 이것을 현대의 우리 정신으로 되살려 나갈 것을 다짐하는 ≪논산의 얼, 그 영원한 정신≫이란 책자를 발간해냈다. 그 3대정신이란 1)선비정신 2)충효정신 3)협동정신이다.(이하 실천덕목 6개조는 지면관계로 생략)

우리 논산은 700년의 백제 역사를 빛낸 웅진熊津 : 공주와 소부리所夫里 : 부여의 두 서울을 지켜온 곡창이자 외적의 침략을 방어하던 전방 요새지였다. 그리고 전술한 바와 같이 훌륭한 석학과 선비들이 많이 탄생한 고장이다. 이에 그분들을 몇 분만 여기에 소개해 보면 다음과 같다.

일찍이 이조 명종(3년) 때에 태어나 인조(9년) 때까지 사신 조선 유학과 예학의 태두인 사계沙溪 김장생金長生과 그의 아들 신독재愼獨齋 김집金集이 있고, 사계의 문하에서 공부한 동춘당同春堂 송준길宋峻吉과 우암尤庵 송시열宋時烈, 그리고 논산시 광석면 오강리에 은거한 팔송八松 윤황尹煌과 동생 윤전尹烇, 윤황의 8형제 중에 출중한 학자 미촌美村 윤선거尹宣擧, 윤순거, 윤문거가 있으며, 윤선거의 아들이며 우암의 문하생인 명재明齋 윤증尹拯 등이 저명한 학자요 위대한 선비였다. 그는 아버지의 뜻과 같이 벼슬을 거절하고 향리에 묻혀 학문을 연구하고 예학서를 집대성한 학자다.

윤증은 숙종 때 대사헌, 이조판서, 우의정 등에 임명되었으나 한 번도 취임하지 않았으며, 조선의 오랜 역사 속에서 한 번도 임금과 만나지 않고도 벼슬만 받고 나아가지 않은 바르고 곧은 선비였다. 그는 서인西人이 노소老少로 분당되자 송시열의 노론에 대항하여 소론의 영수가 되었다. 더욱이 그의 아들 행교行敎도 대사헌이 되었을 정도로 파평윤씨 집안은 대대로 영화와 명예를 누린 집안으로 기억되고 있다. 윤증의 집안은 당대 최고의 학문 집안이었다. 그 유적은 현재도 남아 있어 논산시 노성면 병사리에 현존하는 그의 고택과 종학당宗學堂이 바로 그곳이다. 종학당은 글자 그대로 일가宗中 사람들에게 공부를 가르치던 학당이었다. 1640년 경, 그의 백부 윤순거가 세운 일종의 집안 학교다.

조선시대 과거에 급제한 사람들의 이름을 기록한 문과방목文科榜目에 의하면 대과大科에 합격한 14,624명 가운데 제일 많이 합격한 성씨는 844명이 합격한 전주이씨요, 다음이 412명을 배출한 파평윤씨이며, 다음이 359명이 합격한 안동권씨이다.

이처럼 조선조를 주름잡던 파평윤씨 집안은 근세에도 훌륭한 인물이 계속 나와 선조들의 명성을 잇고 있다. 그 대표적인 인물이 1932년 상하이 홍구공원에서 일본군 대장 시라카와 요시노리白川義則 등을 폭사시킨 의사 윤봉길尹奉吉이다. 이 사건은 파평윤씨 가문의 우국충정과 장부의 기개를 세상에 널리 드러낸 영광스런 사건의 하나다.

인간은 배워야 사리를 판단할 능력이 생기고, 사리를 판단

할 수 있어야 효도할 수 있으며, 효도가에서만 충신이 배출되며, 충효를 다한 자만이 학자가 될 수가 있고, 선비로 불리우는 것이다.

우리 논산이 선비의 고장임을 현실적으로 증명하는 문화유적으로는 다음과 같은 많은 유적이 있다.

그 첫째로는 기초교육의 공교육 기관인 연산連山, 은진恩津, 노성魯城 에 세 향교가 있고, 사학私學 기초교육기관인 서원이 연산의 돈암서원을 비롯, 각 지역 마을에 모두 11개 서원이 있으며, 성현과 학자 선조의 영정을 모시고 제사를 올리는 사우祠宇와 재실齋室이 25처에 남아 있다. 또한 효자 충신 효열 열부의 넋을 기리고 추모하는 정려旌閭도 57 군데에 있는가 하면, 효열의 비문 및 비석도 14개소에 세워져 있다.

이와 같은 유적들은 그의 자손뿐만 아니라 이것을 바라보는 모든 주민들로 하여금 알게 모르게 감명을 주고 거칠었던 정서가 순화되며 그 정신이 메아리져 우리들의 가슴을 정화시켜 주고 있다.

이와 같이 우리 고장 3대 정신은 선조들의 선비정신과 부모에게 효도하고 나라에 충성하는 충효정신과, 마을마다 조직 운영되던 두레와 향약정신鄕約精神을 하나로 결집시켜 협동정신으로 실천해 가고 있다. 이 정신은 오늘의 사회생활이나 상황에 알맞게 거듭 실행해 나가기를 바라마지 않는다.

이에 우리의 예학을 평생 동안 집대성한 사계 선생의 저서를 참고적으로 적어본다. 이에는 《상례비요喪禮備要》, 《가례집람家禮輯覽》, 《의례문해疑禮問解》, 《전례문답典禮問答》이 있고, 경학서經學書로는 《경서변의經書辨疑》 8권과 《근사록석의近思錄釋義》 등이 있으며, 기타 성리학에 관한 서적도 다수 있다.

국경 없는 사랑의 꽃

 우리는 그동안 역사 공부를 통해 우리가 단군의 자손이요 단일민족으로 알고 살아왔다. 그리하여 잡다한 민족들로 구성된 나라들보다 순수하고 우수한 혈통임을 자랑으로 삼고 살아왔다.
 그러나 우리 국토 한반도는 지정학적 위치의 우월성으로 하여 주위 열강이 탐내는 각축장이 되어 수많은 침략의 고통을 겪어야 했고, 끝내는 일제의 강점으로 36년의 세월을 살아야 했다.
 그렇던 우리가 세계 2차대전에서 일제가 패망함으로써 감격스런 광복을 맞았고, 아직은 완전 통일을 이루진 못했으나 유엔 회원국의 하나로 세계 선진국의 대열에 접어들고 있다.
 우리는 그간 숱한 외세의 침략 때문에 이異민족의 접근을 꺼리며 그들이라면 인종, 풍속, 문화가 다른 오랑캐쯤으로 인식하여 왜놈, 중국놈, 미국놈, 서양놈들로 '놈'자를 붙여 부르는 습성까지 생겼던 것이다.

그랬던 우리가 부지런히 땀흘려 일하던 산업화 이후의 7, 80년대부터는 우리의 기술 노동력과 학문 체육 예술들의 우수한 인력이 오대양 육대주로 진출하면서 우리도 세계 속의 일원이 되어 이웃 민족들과 어울리고, 동남아의 후진국 노동력을 수입하여 함께 일하며 생활하는 인연을 맺게 되었다. 그럼으로써 이민족이란 거부감을 불식하고 서로 아끼고 사랑하며 급기야는 한 쌍의 부부로 결연하여 사는 사이가 되었다.

그러므로 그간 수백 년 동안이나 이민족과의 피와 살이 섞이는 국제결혼을 극구 반대하고 혼혈아로 태어나는 아이들까지 미워하며 소외시키던 전통세대 부모들의 인식도 오늘날에 와서는 완전 이해와 사랑으로 변해 버렸다.

나는 그들을 보며 무슨 글인가를 쓰고 싶었다.

> 겉으로 보면 흑장미꽃
> 안으로 들면 무궁화 향기
> 탐스레 살진 입술, 속 심지에
> 불 당기면
> 한밤을 밝히는 꽃등
> 아시아의 밤을 깬다.
> ― 〈국경 없는 사랑의 꽃〉 첫 수

요즘 TV 화면을 통해 국제결혼을 한 이국 처녀들과의 인터뷰 장면을 보면서 그들의 유창한 우리말에 첫째 놀랐고, 그들이 국경을 넘어온 용기와 뜨거운 가족 사랑에 감탄하기도 했다.

특히 월남전쟁으로 은인과 원수로의 양면성 인연을 맺은 베트남 처녀들이 한국인과 함께 살아가고 있음은 고마움까지 느끼게 했다.

알고 보면 그들 문화의 근저에도 유교적 동양사상이 배어 있어, 우리와 같은 현모양처 상이 깃들어 있음이었다. 그들에게는 사덕四德의 교훈이 있어 출가 전 귀에 못이 박히도록 듣던 부모들의 교훈이 배어 있다. 첫째로 집안일 농사일을 잘해야 한다는 공工, 몸을 잘 가꿔야 한다는 용容, 말을 상냥하게 하라는 언言, 웃어른을 잘 모시고 남편에게 순종하라는 행幸 등이 그것이다.

그래서인지 베트남 처녀들의 결혼 후 가정생활은 사랑으로 결속된 행복한 모습이었다. 이 얼마나 정이 가는 그들인가?

> 검은머리 타원 얼굴
> 까맣게 익은 살갗
> 춘하추동 사계절, 낯설은
> 이국 땅에
> 뿌리도 줄기도 없이
> 단심 세워 피는 꽃들.
> ─ 〈국경 없는 사랑의 꽃〉 제2수

작년만 해도 한국인과 결혼한 이국처녀 31,180명 중 베트남 여성이 5,820명으로 중국의 20,435명에 이어 두 번째 많다고 하니 놀랄 만한 숫자다.

전남 완도에 시집왔다는 베트남 며느리 트란트빗 씨는 사고로 의식을 찾지 못하는 시어머니를 벌써 2년 째 정성껏 돌보면서 남자들만 사는 시댁의 모든 가정사를 불평 없이 도맡아 하고 있다 하니, 우리나라 며느리들은 한 번쯤 생각해 보아야 할 일이다.

나는 며칠 전 문화예술회관에 들렀다가 친구와 같이 오거리에서 신호등을 기다리고 있는데, 어디서 나타났는지 피부색 검은 여인들 셋이 서서 고음에 쉼표 없는 말을 끊임없이 따따부따 지껄이고 서 있었다. 나는 그들의 언어가 무슨 뜻인진 알지 못하지만 너무나 시끄러운 음량에 귀가 거슬려, "그 참, 참새 떼 같은 여자들이군." 하고 친구에게 말했다. 그런데 내 말이 끝나기도 전에 그들 중 한 여자가 "아저씨, 지금 뭐라고 하셨어요? 왜 우리가 참새예요?" 하고 대들었다. 나는 순간 깜짝 놀라며, '아차, 내가 실언을 했구나.' 하고 후회하며 그들에게 몇 번이나 미안하다는 사과를 해야 했다. 그들은 놀뫼복지회관에서 점심 대접 봉사활동을 하고 돌아오는 길이라고 했다.

그러니 피부색 검은 흑인들이나 흰색 백인들이나 똑 같은 지구인이라는 생각이 떠올라 나 스스로의 멸시의 눈빛과 사고

방식을 바로세워야겠다는 생각을 했다. 그리고 다음과 같이 글 한 수로 끝을 맺었다.

> 고향은 적도 반구
> 목이 타는 그 하늘 밑
> 땀 흘린 보람들에, 사랑 한 줌
> 안겨 주면
> 단꿈에 젖은 알몸이
> 곱고 곧게 물들으리.
> ― 〈국경 없는 사랑의 꽃〉 끝 수

웃으면 미워지니까
동학 계곡에서
궁남지宮南池에서
인연이며 인연이 아닌 인연
신무기여 잘 있거라
묘비명墓碑銘
5월이 열리는 뜨락에서
보리밭

웃으면 미워지니까

복잡한 현대생활 속에서 살아가노라면 갖가지 예기치 못한 문제들이 닥쳐오는 바람에 그 문제를 해결하기 위해서는 많은 신경을 써야 하고, 그 일이 마음대로 해결되지 않을 땐 골머리를 앓으며 심한 갈등 속에서 허우적거리기 일쑤다. 그리고 그런 일들이 거듭거듭 얽히는 바람에 심한 스트레스가 쌓이게 된다.

이런 현대인들의 정신건강을 위하여 정신과 의사들이나 대학 교수들이 매주일 TV 화면을 통해 교양강좌를 해주고 있는데, 그들 강의 중 공통적 내용으로는 '마음을 비우고 웃으며 살자.'라는 권장사항이지만, 사정이 복잡하고 따분한 처지이고 보면 그 웃음은 나올 리가 만무하다. 그런 입장을 예를 들어 질문하게 되면 그들의 답은 누구나 "억지로라도 웃다 보면 저절로 웃음이 나오게 된다."며 억지 웃음을 권장하곤 한다.

사실 따지고 보면 웃는 얼굴처럼 아름다워 보이는 얼굴이 없고, 웃는 순간처럼 평화스런 모습도 없을 것이다.

웃음에 대한 격언이나 속담은 참으로 많다.

'웃는 집안에 복이 온다(笑門萬福來)', '한 번 웃으면 한 번 젊어지고, 한 번 성내면 한 번 늙어간다(一笑一少, 一怒一老)'란 말이 있으며, '웃는 얼굴에 침 뱉으랴?', '웃음 간 얼굴에 웃음 온다.' 등의 속담도 있다.

웃음에는 그 사람의 기분이나 속내가 은연중에 표출되기 때문에 웃는 모습과 웃음소리에 따라 각기 다른 심리적 상황의 뉘앙스가 있다. 정말 웃음을 참지 못하고 손뼉치며 크게 웃는 웃음을 박장대소拍掌大笑라 한다면, 어이없어 억지로 웃는 웃음을 고소苦笑라고 한다.

웃음도 가지가지여서 껄껄껄 호탕하게 웃는 호걸웃음이 있고, 하하하 웃는 밝은 웃음이 있으며, 허허- 하고 어이없이 웃는 허탈웃음이 있는가 하면, 헤헤헤 하고 웃는 애교 깃든 웃음도 있다. 또한 히히히 하고 웃는 못난 웃음이 있는가 하면, 입을 삐죽거리며 피식피식 웃는 비웃음도 있다. 어찌 그 뿐이랴. 호호호 입을 가리고 웃는 수줍은 웃음이 있고, 입만 방긋이 여는 미소가 있는가 하면, 입을 크게 벌리고 시원스럽게 웃는 함박웃음도 있다.

이렇게 보면 웃음은 그 사람의 현실 의식의 흐름에 따라 다르고, 습관에 따라 달라지며, 상대방의 기분을 좌우하는 유인력誘引力이 있다고 하겠다. 그러므로 잘 웃는 사람은 밝고 정답게 느껴지며, 웃음 없고 입 다문 사람의 얼굴은 어둡고 침울하여 사람들의 접근을 어렵게 한다.

그런데 나는 지금까지 그런 어떤 웃음도 웃어보지 못하고 50여 년을 살았으니 행복한 생활과는 거리를 두고 살아온 셈이다. 치자다소痴者多笑라는 선인들의 교훈 때문이 아니요, "사내놈이 웃음이 헤프면 경솔해 보이고, 눈물이 흔하면 가난하게 산다."는 어머니 가르침 때문도 아니다. 나는 그런 교훈보다 더 절실한 현실 문제 때문에 언제나 웃음 없는 사람으로 살아온 것이다.

직장을 옮길 때마다 동료 선생들이 내게 붙여 준 대명사가 '도도한 사람' 또는 말 붙이기 어려운 '무서운 사람'이었고, 새로 맡은 학급이나 학년의 학생들에게는 남녀 학생 할 것 없이 나는 '근엄한 선생님', '웃음 없는 선생님'으로 통했다.

내가 P여고에 부임하여 며칠이 지난 수업시간이었다. 3학년 반에 들어가 국어 수업을 하다가 어떤 대문의 상황 설명을 하느라고, 우스운 이야기를 하게 되었는데, 그들은 갑자기 까르르 까르르 요절복통을 하는 것이었다. 나는 한참을 아무 말 없이 그들의 웃음소리가 멎기를 기다리며 정색을 하고 서 있으려니까 학생들은 더욱 큰 소리로 하하하 호호호 박장대소하는 것이었다. 그래도 내 얼굴은 평상시와 변함 없는 웃음 없는 얼굴이 더 우스웠던 모양이다. 어쩌면 웃지 않고 웃기는 사람이 더 우스웠을 것이다.

그 때 한 학생이 벌떡 일어서서 "선생님! 선생님은 저희들을 웃기시면서 왜 웃지 않으세요?" 하고 묻자, 여기 저기에서 "그래요, 선생님! 좀 웃어 보세요. 웃어 보세요." 하고 소리 맞춰 권해 왔다.

순간 나는 어떤 비밀이나 발각된 때처럼 얼굴이 화끈 달아올랐다. 그리고 그 따분한 순간을 모면키 위하여 칠판 쪽으로 얼굴을 돌리며 "내가 웃으면 미워지니까―" 하고 큰 소리로 대답하며 지우개를 들고 글씨 없는 빈 칠판을 지우고 있었다. 그 때 내 얼굴에도 쓴웃음이 흘렀을 것이지만 그들은 그런 내 얼굴을 볼 수가 없었다.

나는 한창 나이인 20대에 우안면 신경마비右顔面 神經痲痺가 와서 이것을 고치려고 침술의원들을 여기저기 찾아다녔지만 더 이상은 도로 세울 수가 없다는 의사의 진단을 받고 크게 충격을 받았다. 때문에 결혼에도 직장에서도 마이너스 점수로 평가되어 "능력은 있지만 ……" 하고 망설임을 받거나 낙점을 받기도 했다. 내가 학생들에게 "내가 웃으면 미워지니까……"라는 말은 바로 그런 얼굴을 원유遠喩한 말이었다. 눈치 빠른 여고생들은 내 이 말 한 마디에 갑자기 조용해지면서 다시는 그런 권유를 하지 않았다.

웃음! 그것은 만병통치의 신약인 것 같다. 웃으면 아름답고 평화로우며, 엔돌핀이 생겨 건강에도 좋다 하지 않는가? 이런 값진 웃음을 억제해 온 나는 분명 어둡게 살아온 세월이었다.

이제 나이 들어 갈 날이 가까워졌으니 주름 잡힌 얼굴에 웃음을 지어 얼굴 모습이 미워진다 해서 무슨 부끄러움이 있으랴. 그러니 되도록 많이 웃고 즐겁게 살아가야 한다고 다짐해 본다. 일소일소 일노일로라 하지 않는가.

동학 계곡에서

 산의 매력은 우거진 숲과 맑은 계곡의 흐름과 그 계곡의 밑바닥에 잠겨 있는 바위나 돌들의 미에 달려 있다.
 그러므로 명산일수록 기암괴석이 솟아 있고, 첩첩 겹산에 웅숭 깊은 나무 숲 사이로 맑은 계곡이 흘러내린다. 이곳 계룡산도 그런 명산의 하나로 손꼽힌다.
 나는 가끔 마음이 울적하거나 심한 갈등에 시달릴 때면 이 계룡산 동학사 계곡을 찾는다.

> 산 안개 밀어내자 물소리가 여울진다
> 어둠을 살라내며 숨가쁘게 걸어온 길
> 접어둔 시간이 열리는 젊은 날의 발소리
> ─ 〈계곡의 행진〉 제1수

산 날줄을 타고 서쪽 비탈로 흐르는 물이 갑사 계곡이라면 동녘 기슭을 타고 내리는 물이 동학 계곡이다.

설악산이나 지리산처럼 첩첩한 겹산이 아니기에 계곡 물은 겨울 한 철 갈증을 느끼는 해도 있긴 하지만, 동학사 앞에서 입구까지 1킬로나 되는 계곡은 한여름의 피서지로 각광을 받는 곳이다.

지난 봄에는 가뭄이 계속되는 바람에 계곡 물이 자작자작 말라붙을 지경이었는데, 엊그제 이삼 일 간 내린 비로 계곡은 다시 제 모습을 되찾은 것 같다. 알맞게 흐르는 물소리와 신선한 녹음이 제법 청량하게 여울지고 있다.

옥빛으로 흐르는 물이 사철 돌장 밑을 휘집고 조약돌을 닦아내며 흐르는 이 계곡에서 나는 자연을 배우고 인생의 의미를 발견한다.

계곡 물처럼 청정한 흐름이 어디 있으며, 칠전팔기하는 고난의 역정이 또 어디 있을까?

산정에 내린 빗물은 굳은 암석, 산 능선을 동서로 가르고 험난한 산자락을 헤치고 내려 내닫는다. 바위에 부딪혀 부서지고 가시덤불을 헤치고 내려오다가 수십 길 절벽으로 떨어져 부서져선 다시 규합하여 새로운 전진을 시도한다. 그 강인한 행렬이 파놓은 소호沼湖. 그 줄기찬 공이질이 파놓은 심연深淵. 층층이 쌓인 원생대의 지층을 깎아내고 거역하는 나무들의 뿌리를 캐내면서 오로지 새로운 진로를 개척해내는 고달픈 역정이 아니었던가?

> 역겨워 부서지는 물보라엔 바람이 일고
> 공이진 박달나무 마디 같은 질긴 항로
> 다듬어 매듭을 푸는 늙은 목공의 대패소리
>   — 〈계곡의 행진〉 제2수

나는 문득 스무 번째 실패만을 거듭하다가 결국 스물 한 번째 불혹의 나이로 합격의 영광을 안은 친구 R변호사의 눈물겨운 집념과 의지에 감탄하기도 하고, 고철주이로 시작하여 오늘의 세계적 대기업을 이룩한 고 J회장의 일생을 추모하기도 한다. 그리고 내가 걸어온 세월 속에서 겪었던 그 고난쯤은 아주 작고 평탄했던 길이었음을 자각한다.

나는 문득 계곡 물소리에 유혹되어 계곡가로 발길을 옮겼다. 그리고 그 유리알처럼 투명한 물 속에 두 손을 담가 보았다. 물은 아직도 차갑다. 숲 그늘 속으로만 흘러내린 물이요, 햇볕은 늘 시루 구멍처럼 자잘한 나뭇잎 사이에서 기웃대고 있으니 그럴 일이다.

나는 그 물 속에서 두 손을 끌어올리며 조약돌 두 개를 집어올렸다. 매끈하게 잘 닦인 새알만 한 구슬들이다. 그것은 잠재되었던 동심이 되살아난 순간이었을 것이다.

유년 시절 마을 앞개울에서 주워올리던 동그만 조약돌. 그

것이 나에겐 큰 보물이나 발견한 것처럼 해해거리며 자랑하던 시절이 있었다. 그런데 지금 내가 집어 올린 조약돌에서는 그런 순수한 동심보다는 이 돌이 이렇게 매끈하고 동그맣게 닦이기까지의 역정을 떠올리고 있다. 한 점 모진 데라고는 찾아볼 수 없는 원만한 얼굴이다. 나는 문득 일본 작가 나쓰메 소오세끼夏目漱石의 수필집 ≪구사마꾸라草枕 : 풀베개≫의 첫 구절이 생각난다.

'산에 오르면서 나는 깊이깊이 느꼈다. 인생은 모지면 얻어 맞기 십상이요, 지나치게 정에 이끌리면 흘려 보내지게 되기 마련이니 정말 인생이란 살기 어려운 존재로다.' 라고.

> 떨어져 부서지고 고꾸라지면 다시 일어
> 산 뿌리 뽑아드는 항우의 기개처럼
> 단심을 캐어 온 꿈이 한 바다로 달린다.
> ― 〈계곡의 행진〉 제3수

나는 자리에서 일어나 동학사로 오르는 길에서 사람들의 물결 속에 합류했다. 도대체 이 많은 사람들이 어디서 이렇게 모여들었을까? 그리고 이들은 또 어떤 역경을 이겨내고 오늘날까지 살아온 것일까? 많은 인파에 또 한 번 경탄을 한다. 그러나 형형색색의 얼굴과 옷차림 속에서도 이따금 낯익은 얼굴들을 만나게 되니 이건 또 무슨 인연일까? 그러니 세상은 넓고도 좁은 것이 아닌가?

  오르막길에서 부산 사는 K교수를 만났고, 그와 헤어지자 바로 서울 사는 수필가 J씨도 만났으며, 졸업 후 한 번도 만나지 못했던 고교 동창 몇 친구도 만났으니 이 아니 좁은 세상인가?

  친구들은 모두가 하얗게 늙어 있었다. 아니 어쩌면 측은할 정도로 얼굴들이 변해 있었다. 나는 그들의 얼굴을 마주 보며 증오심에 울컥 눈물이 솟아 나왔다. 화인처럼 새겨진 잠재의식이 새롭게 발로된 것이다.

  그들은 6·25라는 시대적 소용돌이 속에서 설익은 이데올로기의 남용으로 나를 완전히 매장시켰던 장본인들이기 때문이다. 그들은 공부에만 열중하며 앞서 가던 나에게 질투의 화살을 쏘아댄 사람들이다. 무법천지 하에서 한 보름 동안이나 나를 학교 지하실 속에 가두어 놓고 하루에도 몇 차례씩 몽둥이질을 하며 억지로 죄를 들쳐 씌워 나를 골병들게 했고, 몇 개월 앞둔 졸업까지를 막아 버린 폭력자들이었다. 그 때문에 나의 앞길은 완전히 파괴되고 고난의 세월을 살아야만 했었다. 그 억울하고 분노에 찼던 세월이 바로 엊그제 같은데 벌써 반 세기가 훨씬 넘은 것이다.

  그러니 사람은 어떤 인연이 있어 만나게 되면 비록 남남으로 헤어진다하더라도 생전에 언젠가는 어디에선가 다시 만나게 된다는 인연설을 필연처럼 믿게 하고 있다.

  나는 그들이 어색한 표정으로 내미는 손을 잡고 가벼운 악수를 나누었다. 그리고 그들이 안내하는 음식점 탁자에 둘러앉아 술 한 잔을 주고받으면서도 냉큼 대화의 실마리는 풀리지 않았다. 그들도 나도 지난날의 악몽은 접어둔 채 술만을 말없이 권하고 받았다. 헤어지는 길목에서 나는 그들의 손목을 쥐어 주며 억지 미소를 지어 보였다. "건강하게 살아가세. 그리고 우리 죽기 전에 다시 만나세." 하며 명함 한 장씩을 건네 주었다. 모두가 철없던 시절의 불장난이었다. 이제는 서로를 용서하고 모두를 지워 버려야 할 화합 통일의 시대가 아닌가?

계곡의 하루는 무척이나 짧았다. 벌써 해가 연천봉과 상봉 사이를 기어 넘어 저녁그늘이 깔리기 시작했다. 붐비던 인파도 거의 줄어들었다. 나는 계곡 물에 다시 한 번 손을 담그고 화닥거리는 손바닥을 씻어내고는 흘러가는 물길을 내려다보았다. 물의 최종 도착지는 결국 한 바다의 품이 되겠다는 생각을 하며.

궁남지(宮南池)에서

30년 만에 찾아온 궁남지는 그 사이 많이도 변해 있었다. 하기야 30년이면 어린이 한 세대가 어른이 되었을 세월이니 그럴 일이다.

나는 70년대 중반, 이곳 P여고에서 근무한 일이 있다. 그때 내 나이 한창인 40대. 나는 이곳에 근무하면서 서울의 문우들과 함께 5인 수필집 《소부리(所夫里)의 대화(對話)들》을 출간하고, 그 출판기념회를 이곳 부여에서 가졌었다. 소부리(所夫里)란 서울이란 뜻을 지닌 백제의 도읍 명이다. 출판기념회가 끝난 다음날, 우리 5인은 한가한 마음으로 이곳 궁남지를 찾았고, 포룡정에서 술잔을 기울이며 수필동인의 연을 맺었다. 그리고 우리는 현대수필의 선두주자가 되자고 다함께 다짐했었다.

차를 타고 오는 동안 상상하기로는 궁남지는 그저 그 날의 모습처럼 꽤나 넓은 연못에 물이 담겨 있고, 그 연못 안의 섬에 세워진 정자 하나가 변함 없이 덩그러니 떠 있을 것으로만 생각했는데, 오늘 와서 보니 그게 아니었다. 연못 주변에는 해묵은 버드나무가 늘어서 있고, 출입구 동편의 논밭들은 새롭게 정리되어 꽃 연못으로 변해 있었다. 그 속에 피어난 형형색색의 꽃들을 발견한 우리는 우선 함성부터 질렀다.

꽃박람회에서처럼 종류별로 재배해 놓은 꽃들이 연못마다 제 모습을 뽐어내고 있었다.

금국화, 원추리, 나리, 범부채, 수선화, 연꽃….

꽃 연못 사이사이로 이리저리 난 흙 길에선 싱그러운 흙 냄새가 물씬 풍겼다. 도시에서는 맡아보지 못할 흙 내음이다.

일요일이라 젊은 가족들이 아이들을 앞세우고 산책길에 나선 그 모습이 새삼 정다워 보인다. 우리 가족들도 그 중 한 무리로 섞여 거닐고 있는 것이다.

"할아버지, 이 꽃이 무슨 꽃이에요?"

손녀 서영이가 살그머니 내게 다가서며 묻는다. 그것은 수련이었다. 아직 초등학교 1학년 어린이에게 꽃말이나 이 꽃의 내력을 모두 설명할 필요는 없기에, 그저 꽃 이름만 알려 주었다. 아름다운 님프nymph의 순정純情으로만 표현되는 수련睡蓮. '청순한 소녀의 마음'으로 표상되는 꽃말이 더욱 예쁘게 떠오른다. 님프란 희랍신화에서 들, 언덕, 동굴, 하천, 샘, 수목 같은 자연에 스며 깃든 여성의 정령精靈을 말한다. 그것은 쉽게 말하면 아름다운 소녀의 모습을 뜻하는 것이다.

  수련은 본래 못이나 들에 자생하는 여름철의 꽃이지만, 요즘 볼 수 있는 것은 관상용으로 재배되는 다년초 부생식물이다. 그러나 뿌리는 물론 물밑 흙 속에 내리고 있으며, 잎과 꽃만 물 위에 떠 있는 것이다. 빛깔은 대개 흰색이지만, 이 놈은 연한 노랑 빛을 띤 흰색이어서 그 아담하고 예쁜 모습이 서영이 얼굴을 닮았다는 생각을 했다. 그리고 한 송이쯤 따들고 싶은 충동이 일었다.

  "할아버지, 저 꽃 하나 따면 안 돼요?"

  놈의 속마음도 내 마음과 일치됐던 모양이다. 나는 먼저 '안 된다'는 대답부터 안겨 주었다. 꽃을 꺾는다는 것은 자연물을 혼자 차지하고 싶은 인간의 욕심에서 우러난 본능적 욕구다. 그것은 따고 싶다는 생각만으로도 한 점 죄악이 될 수도 있다는 생각이 들었기 때문이다.

  나는 짐짓 타이르듯이 "꽃은 그냥 두고 봐야 더 예쁜 거야." 하고 달래 주었지만, 놈은 마냥 불만스런 표정을 지으며 입맛을 쩝쩝 다신다.

  수련은 세계 열온대 지방에 분포하고 있어 동양에서 말하는 미시초未時草와는 약간 다르다. 그렇지만 일반적으로 수련을 미시초라 부르고 있다. 미시초未時草란 이 꽃이 오후 2시경에 피었다가 저녁때 닫히는 꽃이기 때문이다.

  지저분한 물 위에서도 오롯한 모습, 청초한 자태로 피기 때문에 이름 그대로 오수午睡에 잠긴 소녀의 얼굴로 표현된 것이다.

한참을 무릎 꿇고 앉아 그 예쁜 모습에 정신을 팔다가 오후의 일정 때문에 자리에서 일어났다.

한 연못을 지나자, 거기엔 연당蓮塘이 이어졌다. 나는 또 한번 탄성을 지르며 두 손을 합장했다. 이 귀한 연꽃이 언제부터 이런 공간에 피어 있었단 말인가? 내가 가장 좋아하는 꽃이 말이다. 부처의 가르침을 묻는 제자 가섭迦葉에게 무소설無所說로 화답하며 높이 들어 보이신 한 송이 연꽃. 이 연꽃 한 송이의 의미를 이심전심以心傳心으로 받아들인 가섭의 미소가 염화시중拈華示衆의 교훈으로 여기 담겨 있는 것이다.

70년대 하반기 나는 전주의 문우들 초청을 받고 그곳 덕진호반에서 하루를 지낸 일이 있다. 그 때 그 호반 가득히 피어 있던 연 밭에서 기가 막히게 아름다운 연꽃에 도취되어 진종일 그곳에서 떠날 줄을 몰랐다.

썩은 물 위에 피어나 그 탁오수에 오염되지 않고 정하게 피어나는 연꽃. 그 후 나는 해마다 7, 8월이면 그곳 덕진호반을 찾아갔었다. 그 꽃이 이곳 궁남지에서도 보게 되었으니 정말 반가운 일이다.

앞서 피어난 꽃은 이미 져서 연밥으로 맺혔고, 이제 막 망울진 꽃에서는 그리움 같은 감정이 가슴속에서 피어난다. 나는 서영이를 불러 옆에 세우고 꽃과 서영이 얼굴을 번갈아 바라보았다. 연꽃 봉오리처럼 순결한 놈의 얼굴이 배시시 미소짓고 있다.

"서영아, 꽃이 참 예쁘지?"

이번에는 내가 먼저 놈에게 물었다. 놈은 그저 엉겁결에 "네!" 하고 대답한다. 아이의 눈망울이 꽃봉오리 옮겨가며 놈의 얼굴에도 연하게 분홍빛이 물든다.

"아이구, 정말 곱구나!"

나는 아들 내외 얼굴을 올려다보며 감탄사를 연발했다. 그리고 오늘 나를 이곳으로 안내해준 아이들이 더욱 고맙게 느껴졌다.

"참 잘 왔다. 오늘은 산책 나온 보람이 있구나!"

내 말에 "아버님, 이제 글 한 편 나오시겠네요?" 하며 며느리가 응수했다.

나는 도취된 시간의 말미를 끌어올리며 자리에서 일어났다. 그리고 다시 길 따라 연못가로 거닐어 나갔다. 버드나무의 멋드러진 실가지가 날짱한 허리를 하늘거리며 연못 물에 머리를 감고 있다. 적정한 간격으로 늘어선 능수버들이 사열받는 자세로 우리에게 다가선다.

어떤 나무는 세월따라 고목이 되어버렸고, 어떤 나무는 아직도 청청한 기상을 내뿜고 있다. 나이가 들면 언젠가는 떠나야 하는 것이 생로병사의 면할 수 없는 운명임을 어쩌랴. 나무의 수명이 궁금하다. 추측건대 아마도 300년은 넉히 넘었을 것만 같은 몸통이다. 늙은 버드나무 고사목 공이 속에는 빈틈

없이 생화를 실어 그 나무의 살아있음을 예시하고 있다. 그 고목나무까지도 사랑의 손길을 준 관리자의 손길이 고마울 따름이다.

저녁 산책길을 밝혀주는 가로등이 군데군데 고개를 숙이고 서 있으니, 아무래도 이곳의 산책은 낮보다는 야간이 더 낭만스러울 것 같다. 마치 이 연못을 구축한 백제 무왕 서동이의 서라벌 사랑의 설화처럼 말이다.

이 연못은 백제 무왕이 부소산 남쪽에 별궁을 짓고 선화공주와 사랑을 쏟던 낭만의 연못이었을지도 모른다. 그래서 파놓은 인공호수가 아닐까? 연못 가운데에는 포룡정抱龍亭이라는 정자가 있고, 그 정자로 통하는 나무다리가 20여 미터 길이로 이어져 있다. 넓이는 약 45만 4천 평방미터로 현재 연못 동쪽에 그 당시 서 있었던 몇 개의 궁전 초석과 수많은 기와 조각이 산재해 있어, 물가에 세워졌던 백제의 한 별궁 터임을 추측게 한다.

우리는 포룡정에 잠시 들러 그 정자의 팔각형 저변을 서성이며 천장을 올려다보았다. 단청이 희미한 상단이 빈 공간으로 있어 어쩐지 정자가 쓸쓸해 보였다. 이 멋진 곳에 아름다운 경관을 노래한 시의 현판 몇 개쯤 거기 붙어 있었더라면 얼마나 금상첨화 격이었을까 싶었다.

우리는 남은 여정을 위해 궁남지를 떠나기로 했다. 어느새 시계 바늘이 오후 4시를 가리키고 있었다.

인연이며 인연 아닌 인연

나는 오늘 떠나버린 그녀의 딸 경림의 집을 찾아가는 길이다.
입산하고서도 속세의 번뇌를 지우지 못하고 다시 환속한 후 광주 외갓집 근처에서 목로집을 경영하던 그는 그곳에 드나들던 방직회사 직공과 눈이 맞아 딸 하나를 남겨놓고 몇 년 전에 고혈압으로 세상을 떠났다는 것이다.
나는 경림의 전화를 받고 부랴부랴 버스에 올랐다. 버스를 타고 가면서도 자꾸 지난 일들이 주마등처럼 머리에 스쳐 지나간다.
인연으로 맺어졌던 남매 사이가 연인으로 번져간 그 시절의 젊은 날. 그녀가 내게 보내온 마지막 편지가 지금도 내 수집 습관의 편지 속에 남아 때때로 읽혀지고 있다. 그 편지를 읽어 내리는 순간은 나를 새로이 젊은 날로 돌아가게 하고, 잊혔던 추억의 조각들을 주워 모으게도 한다. 솔직히 말하면 그 사연은 순수했던 내 가슴을 갈기갈기 찢어내는 슬픈 사연이기도 하다.

 견성암에서 온 이 편지는 내 나이 20대 후반기의 어느 가을에 뜻밖에 받아본 편지였다. 낡고 퇴색한 종이 위에 또박또박 써 내려간 글씨가 그녀의 애끓는 정서처럼 선명하게 눈에 들어왔다. 나는 떨리는 손끝으로 그 편지를 펼쳐 읽어 내렸다.

 존경하는 분에게.
 오랜 망설임 끝에 이 글을 썼습니다. 그리고 더욱 많은 편지들이 내 서함 속에 쌓여있지만, 이 편지만은 꼭 보내야겠다는 생각이 들어 이렇게 보내 드립니다. 제가 이 암자에 온 지는 꼭 일 년이 되었습니다.
 저는 광주 외숙모집에서 나온 후, 줄곧 이곳에서 머물러 살았습니다. 사는 것이 무엇인지 왜 살아야 하는지 아직 그 참뜻을 깨닫지는 못했지만 기구한 운명 속에 지나온 내 처지가 오늘의 결말로 이어질 줄은 정말 몰랐습니다.
 어젯밤도 참선을 하다가 새벽 다섯 시에 법당을 나왔습니다. 우리는 그 무엇으로 하여 인연의 끈에서 벗어나 공간을 달리하고 살아가게 되었는지 알 수가 없습니다.
 결혼 문제 결정 때문이니 빨리 올라오라는 당신의 편지가 광주 외숙모집에서 몇 달을 묵었으니 내가 외가에 들렀을 때에는 그 편지는 이미 옛 얘기가 되어버린 뒤였습니다. 그렇지만 혹시나 하는 미련 때문에 허겁지겁 논산으로 올라가 갈산 마을까지 달려갔고, 마을 앞 느티나무 아래에서 세환 어머니를 만나고선 당신의 소식을 알았습니다.

"아이구, 어쩐담. 몇 달 동안 학생만 기다리다 김 선생은 엊그제 그만 결혼해 버렸는디…."

그분은 몇 번이나 혀를 차며 안타까워했습니다.

나는 그 말을 듣는 순간, 천지가 한꺼번에 무너져내리는 듯한 절망의 늪으로 빠져버렸습니다. 이 세상이 고스란히 깊은 바다 속으로 함몰되어 가는 것이었습니다.

가슴은 무너지고 눈앞이 캄캄했습니다. 나는 그 자리에 힘없이 주저앉고 말았습니다. 내 몸은 그 느티나무 뿌리와 같이 땅 속 깊이 묻혀 드는 것 같았습니다.

제가 정신을 차려 당신 집 문 앞까지 걸어간 것은 밤이 이슥한 무렵이었습니다. 사람들의 시선이 그렇게 두렵고 내 행색이 왜 그렇게 초라하게 느껴졌던지 모릅니다. 내 발길은 결국 당신 집 사립문 앞까지 와 머물렀고, 거기서 바라보는 당신 방에서는 빤히 불빛이 비쳤습니다. 그리고 마루 밑엔 여자 고무신 하나와 구두 한 켤레가 나란히 놓여져 있었습니다. 나는 찢어질 듯한 가슴을 가누며 발길을 돌렸습니다.

그날 밤 나는 이사리 마을에 사시는 할아버지 댁에 들러 그곳에서 하룻밤을 지냈습니다. 그러나 밤새 한 잠을 못 자고 이튿날 아침 그곳을 떠났습니다.

논산대교까지 와서 내려다보는 강물은 무심히 흘러가고 있었습니다. 나는 그 난간에서 뛰어내리고 싶은 충동을 몇 번이나 느꼈지만 어머니와 같은 운명을 내가 또다시 재연할 수는 없다는 생각에 새로운 의지를 세워 이곳 수덕사까지 온 것입니다.

이제 바깥출입이 어려워진 일엽 스님을 만나 뵙고 숭숭 희어버린 그 분의 머리칼과 마분지 쪽같이 주름진 얼굴 앞에서 다시금 인생의 무상함을 깨닫고 인연의 엇갈림과 떠나가신 어머니의 운명을 생각해 봤습니다.

"수덕사 단풍이 참 좋군요." 하고 인사말을 건네는 나에게 그 분은

"단풍만 좋은가? 춘경도 좋지. 봄철이 더 정이 가는 산이지…."

하였습니다.

그분은 누워서도 연신 염주 알을 굴리며 내 얼굴을 찬찬히 뜯어보았습니다. 그리고는 "아가씨의 얼굴에는 세속의 번뇌가 가득 차 있군." 하는 것이었습니다. 어쩌면 내 얼굴에서 괴로움을 그리 쉽게 읽어낼 수가 있을까 하고 놀라움을 금치 못했습니다. 그리고 내 비밀을 도둑맞은 듯한 패배의식을 억지로 다듬고 있으려니까

"참선을 해, 내 곁에서, 약 시중도 좀 들어주고…"

하는 것이었습니다. 나는 황송 감사한 마음으로 그 날부터 그곳에 머물렀습니다.

처음 한두 달은 거의 번뇌의 밤을 꼬박꼬박 새워야 했고, 육신은 천 근 만 근으로 깔리는 듯했지만 '남무관세음보살'을 외고 외는 동안 조금씩 가슴이 비어 갔습니다. 이제 일 년이 되었으니 한 사흘만 더 참선한 후에 삭발을 하게 됩니다.

이제는 모든 속세의 고뇌에서 조금은 헤어날 것 같은 믿음이 가슴속에 자리잡았습니다. 내가 머리를 깎게 되는 날에는 지금까지 써 놓은 내 편지를 모두 당신께 보내 드리겠습니다.

그 부질없는 낙서 쪽지와 한 많은 인생의 얘기를 소재로 즐겨 소설을 쓰실 분이기에 이것들을 보내드리고자 하는 것뿐입니다.

부디 건강하시고 행복한 가정을 꾸며주시기 바랍니다. 안녕히
1952년 10월 20일
견성암에서 유 불자 올림

이런 만리장서였다.

그 때 나는 가슴을 두근거리며 그 편지를 순식간에 읽어 내리고 단걸음에 수덕사로 달려갔다.

내가 견성암에 다다라 허겁지겁 그녀와의 면담을 요청했지만 그날 밤부터 그녀는 참선에 들어가 있었기에 면회가 사절되었다. 기어코 한 번 만나 자초지종을 말해야겠다고 생각한 나

는 근처 민가에서 하룻밤을 지냈다. 그러나 이튿날도 못 만나게 되고 그 이튿날도 역시 만날 수가 없었다. 그렇게 냉가슴을 앓던 3일 째 되는 아침, 계곡 길에서 뜻밖에 그녀를 만났다.

그녀는 노스님과 함께 산길을 내려오고 있었다. 나는 두근거리는 가슴을 움켜쥐고 쏜살같이 그곳으로 달려 내려갔다. 나와 그녀의 눈이 마주친 것은 암자 밑으로 한참을 걸어 내린 두 가닥 갈래길에서였다. 나는 용기를 내서 그녀의 이름을 소리쳐 불렀다.

내 목소리는 이 세상의 어떤 소리보다도 더 큰 울림으로 메아리쳤을 거라는 생각을 했지만 실상은 목구멍 안에서 맴돌다 만 소리에 불과했던 것이다.

그녀는 한 번 발걸음을 멈추었으나 이내 그대로 고개를 돌려버리곤 스님 뒤를 따라 걸어갔다. 목이 타고 눈앞이 캄캄해 옴을 억지로 참아가며 얼마쯤의 거리까지 그녀의 뒤를 따라갔지만 그녀는 더 이상 뒤돌아보지 않았다.

나는 맥이 빠지고 애가 타서 그대로 그 자리에 나무 등걸처럼 박혀 버렸다. 경건하고 성스러운 사찰 경내에서 잡된 놈 하나가 찾아와 누속의 죄를 거듭 짓고 있는 것이라 생각하니 더 이상 그들을 따라갈 용기가 나질 않았다. 그들은 도대체 어디로 가는 것일까?

어떤 스님의 곁으로 가서 삭발 입문을 하기 위한 것이 아닌가?

나는 기력을 잃고 뚜벅뚜벅 산허리를 내려왔다.

이 세상에 이런 소설 같은 얘기도 있을까? 하는 생각을 하며 허덕허덕 집으로 돌아왔다.

그 후 30년, 어느 날 동학사 입구에서 뜻밖에도 그녀를 만났다.

처음엔 서로 얼굴을 훑어보고 뜯어보며 멍청히 서 있었으나 한참 만에 그녀의 옛 모습 한 조각이 떠올랐다.

"정자씨 아니오?"

내 말에 그녀는 고개를 끄덕이며 눈을 휘둥그레 떴다. 그리고는 그녀도 인사를 했다. 그녀의 얼굴에도 세월이 그어놓은 주름살이 굵다랗게 새겨져 있었다. 다만 그의 양 볼따구니에 패인 볼우물만은 그 시절과 같이 변함이 없었다.

"많이 늙으셨군요. 남무아미타불―"

"참 오랜만입니다."

나도 한 마디를 덧붙였다.

"정말 오랜 세월이 흘렀군요. 가정엔 별고 없으신지요?"

두 손을 합장하고 고개 숙이는 그녀의 머리를 내려다보며 내 눈시울은 자꾸 뜨듯해져 왔다.

그녀 곁에서 우리들의 대화를 지켜보던 승려가 그녀에게 길을 재촉했다. 그녀는 아쉬움 어린 눈빛으로 긴 한숨을 내리쉬고는

"건강하세요. 오래오래― 남무관세음보살―" 하고는 발길을 돌렸다.

인생은 만났다 헤어지고 헤어졌다가 만난다는 불교 철학을 떠올리며 새삼 기구한 인연을 생각해 보았다. 그리고 이제는 후련한 가슴으로 그녀를 만날 수도 있으리라는 생각도 했다.

한나절 햇살이 녹음 속으로 깊이 휘집고 쏟아지는 신선한 5월이었다.

가을에 헤어졌다가 봄에 만나는 해후. 이것은 먼 훗날 더 아름다운 인연을 만드는 전조가 된다는 생각에 쓰린 가슴을 다독거렸다.

나는 오늘 그의 딸 경림에게서 그가 나를 생각하며 속세로 환원했었다는 얘기와 함께 그가 젊은 날에 써 남겼던 한 상자의 글 뭉치를 받아왔다.

나는 이것을 무슨 큰 보물인 양 안고 돌아와 한밤을 꼬박 새우며 읽어 나갔다. 글 속의 군데군데에서 뼈가 녹아 내리는 듯한 애절한 사연에 눈물을 흘리며 그의 세월을 회상해 보았다. 결국 우리는 인연이었음에도 인연이 아니었다.

신무기여 잘 있거라

 유프라테스 티그리스강이 흐르는 옛 문화의 발상지 바빌로니아. 그 이라크의 땅에서 처참하게 벌어졌던 걸프전쟁은 무엇 하나 얻은 것 없이 폐허와 죽음만을 남긴 채 끝이 나고 말았다.
 이긴 자도 진 자도 없는 불장난 속에 내일을 예측할 수 없는 불안과 공포에 떨며 뜬눈으로 밤을 새던 40여 일이었다.
 평화의 사도라고 자칭하는 미국은 인류의 자유 평화를 위해서 다 함께 싸우자고 세계를 향해 종용하였고, 그래서 다국적군으로 불리는 30개국이 이에 참전하여 이라크를 에워싸고 응징의 포화를 퍼부었던 것이다.
 수만 명의 전사자와 십 수만의 포로와, 그리고 수많은 부상자를 남긴 채 그 죽음의 비극은 막을 내린 것이다.
 CNN TV 화면에는 어떤 미군 개선용사가 목발을 짚고 학교

교문으로 들어서는 장면이 나왔다.

운동장에서 뛰어 놀던 어린이들이 일제히 그에게로 몰려들어 환성을 지르며 박수 갈채를 보낸다.

그 학교는 이 목발의 용사가 다니던 모교이자 자신의 아이들이 다니고 있는 학교이기도 했다. 운동장은 어느새 오색 테이프로 아롱졌고, 아름다운 꽃다발이 그의 전신을 뒤덮었다. 그러나 열사의 사막에서 그을리고 얼룩진 그의 얼굴은 어느덧 뜨겁게 일그러지면서 구슬 같은 눈물이 뚝뚝 볼따구에 떨어져 내렸다.

그는 메어 오는 목구멍을 힘겹게 뚫으며 맺혔던 한 마디를 토해냈다.

"여러분! 감사합니다. 여러분의 뜨거운 환영에 진심으로 감사 드립니다."

그는 절름거리는 두 발을 목발에 의지한 채 절룩절룩 두서너 걸음을 떼어놓았다. 아이들의 환호성은 어느덧 그의 말소리를 까맣게 지워버리고 개선의 노래가 울려 퍼졌다.

용사는 다시 우뚝하니 그 자리에 멈춰 서선 주먹으로 눈물을 닦아내며 한 마디를 다시 토해냈다.

"그러나, 그러나, 여러분! 나는 이렇게 여러분의 환영을 받을 사람이 못 됩니다. 정작 환영을 받아야 할 사람은 내가 아니라, 영원히 돌아올 수 없이 가 버린 용감한 전사자들입니다."

울먹이는 그의 음성 따라 진혼곡이 울려 퍼지고 뒤따라 전사자의 유골상자가 전우들의 어깨 위에 얹혀져 교문으로 들어오고 있다.

아이들은 갑자기 물을 끼얹은 듯 조용해졌다. 그때 두 여자들의 모습이 나타나며 그 관을 부여잡고는 흑흑 흐느끼기 시작했다.

유골 상자는 땅 위에 내려지고 그들의 눈물이 상자 위에 떨어지고 있었다.

깃발은 공중에서 나부끼고 환호성이 운동장을 가득 채우고 있었지만, 죽은 자의 대답은 영영 들리지 않는다. 그저 고요한 침묵만이 흐를 뿐이었다.

'나는 겨레를 위해 꽃다운 청춘을 아낌없이 바쳤노라.'
'나는 인류의 평화를 위해서 내 한 목숨을 기꺼이 바쳤노라.'

이렇게 그의 영혼은 외치고 있는 것일까? 아니면, '나는 공연히 남의 나랏일에 참견하여 청춘을 아깝게 마쳤노라.'고 회한 섞인 울부짖음을 외치고 있는 것일까?

이렇게 비참한 전쟁의 보상은 전승국인 미국에서보다는 하늘같이 믿었던 사담 후세인의 추종자들에게 주어질 것이니, 일천 구백만 이라크 국민들에게서 더 큰 비극으로 남아 처절한 나날이 계속되고 있을 것이다.

이번 중동전쟁은 하이테크 전쟁이자, 돈싸움이었다고 할 수 있을 것 같다. 그것은 고도한 신무기의 싸움이요 엄청난 물자

전이었기 때문이다.

 항공모함에서 날아오르던 F14 전투기 한 대가 무려 5백억 원이며, 야간 폭격에서 맹위를 떨치던 F15기 전투기는 한 대당 350억 원이나 되는가 하면, 이라크의 스커드미사일을 요격하여 최고도의 과학력을 과시하던 페트리어트 대공 미사일은 한 대에 8억 원이 넘는다고 한다. 그리고 더욱 놀라운 것은 순항미사일 토머호크는 한 발을 발사할 때마다 10억 원이 날아가는 것이었다고 하니, 40여 일 동안 미국측이 쏘아댄 전쟁 소비액은 무려 15조 원이 되는 것이다.

 이렇게 막중한 무기와 탄약으로 그 값진 이라크 내의 시설들을 때려 부쉈고, 쫓겨가는 이라크 군사들은 쿠웨이트 내의 소중한 유정들을 모조리 파괴해 버렸으니, 모세의 예언이 아니더라도, 하늘을 배반한 자 끝내 지옥으로 떨어지는 죄과를 톡톡히 받은 셈이다.

 지금도 쿠웨이트에는 150여 개의 유정이 불타고 있다니, 이것을 그대로 방치해 둔다면 지하의 원유가 바닥날 때까지 계속 타오를 것이며, 연기가 하늘을 뒤덮어 지상에는 햇빛도 안 보이고, 비도 내리지 않아 인간들은 심한 갈증으로 인해 죽어갈 것이라 한다.

 그런 무서운 미래를 예감한 듯 그들은 백기를 들었고, 무서운 싸움은 끝이 났다. 그러나 파멸 직전에 투항한 이라크는 전전대로의 원상복구까지 무려 30년의 세월을 요한다 하니,

석유를 무기로 내세우던 그들의 오만이 스스로 자기 재산을 파괴하고, 국민들의 죽음을 자초케 하는 응보를 받은 셈이다.

그러니 이런 비극은 이 지구상에서 다시는 없어야 한다.

한 손에는 코란을 들고 다른 한 손에는 백기를 든 이라크 군사들의 피곤한 모습과, 그들의 목덜미에 총부리를 겨눈 채 몸수색을 하고 있는 미군의 모습은 매우 대조적이면서도 똑같은 공통점이 있다는 생각이 들었다. 그것은 '누구를 위하여' 싸우고 있느냐 하는 점이며, 이 무서운 전쟁이 하루 속히 끝나서 처자 곁으로 빨리 가고 싶다는 간절한 염원이 그들의 가슴 속에 가득 차 있을 것이다.

우리는 6·25 때의 처참한 기억을 잊을 수가 없으며, 월남전에 나아가 얻은 것 없이 목숨만 잃어버린 지난날의 역사가 있다.

≪누구를 위하여 종은 울리나≫에서와 같이, 우리는 과연 무엇을 위하여 싸워야 하는가를 알고 싸워야 할 일이다.

파괴는 즉 건설이라는 이 역설적 진리는 이제 이 땅 위에서 멀리 사라져야 한다.

오늘도 팔 다리를 잃은 채 외발로 걸어오는 6·25 전상 병사의 모습을 바라보며, 그들이 살아온 40년의 세월을 내 가슴 속으로 안아다 채워본다.

이제는 분노와 회한과 현실적 삶의 갈등을 백발과 주름살로 변신시킨 그들의 세월은 정녕 대견스럽기도 하고, 한편 애련

하기 그지없다.
 그리고 다시 이 땅에, 이 지구상에 이런 비극이 일어나지 않기를 기원해 본다.

묘비명 墓碑銘

 호랑이는 죽어서 가죽을 남기고, 사람은 죽어서 이름을 남긴다는 말이 있다.
 그러나 그 이름은 아무나 남길 수 있는 것이 아니요, 누구나 남기고 싶다고 남길 수 있는 것도 아니다.
 그가 이 세상에 태어나 어떻게 살다가 어떻게 갔느냐에 따라 오래오래 칭송받으며 빛날 수도 있고, 저주와 욕설을 받으며 천덕스럽게 갈 수도 있을 것이다. 무덤은 망자亡者의 저택이요, 묘비는 그의 문패이자 이력서일 것이다. 그래서 후손들은 가신 님의 영혼을 위해, 또는 자신들의 명예나 긍지를 위해, 무덤을 치장하고 묘비를 세워 자손으로서의 효孝를 다하려고 한다. 영혼불멸 사상은 어느 겨레나 공통적으로 지니고 있는 사상이다. 가신 님의 영혼을 기쁘게 해 드리기 위해서 조금은

치장하고 꾸며 준대서 그것이 어찌 큰 죄야 될 수 있겠는가?

고대 이집트 사람들은 왕이나 귀족의 무덤을 백 미터가 넘는 삼각추 피라밋으로 쌓아놓고 그 속에 시신을 미라로 만들어 썩지 않게 보존하였고, 고구려 무덤인 쌍영총이나 강서의 삼묘三墓, 그리고 경주의 신라 왕릉들이 또한 그렇지 않은가?

요즘 우리 묘와 비석의 겉치레는 날이 갈수록 화려하게 번져 가고 있다.

죽은 이가 원했든 원치 않았든 간에, 그의 자손들은 조상의 음덕으로 잘 살게 되었다는 보은의 탑을 세운다는데, 누가 이를 시비할 수 있을 것이며, 어떤 옥돌인들 못 구해다 세우랴만…. 그러나 이런 비석들에는 망자의 치적이나 직함까지도 근거 없이 과장 날조하여 세움으로써, 결국 자신들의 가문을 과시하려 하니 그것이 우습다는 것이다.

한평생을 나라와 겨레를 위해 목숨 바친 선열들의 무덤은 지금껏 먼 먼 이국 땅에 초라하게 묻혔거나, 아예 그 무덤조차 찾을 길 없으니 얼마나 안타까운 일인가. 이것은 정녕 진실과 거짓이 거꾸로 행세하는 경우가 아닐까 한다. 시대와 권력에 아부하면서 철새마냥 그때그때 영광을 누리던 매국노들의 후손들은 그 어렵고 배고픈 시대에도 호의호식하면서 외국에 유학도 하고 출세도 하여 다시 이 시대를 주름잡는 인사로 칭송받고 살고 있다.

그러나 애국 선열들의 자손들은 부모들이 한평생 옥고를 치르며 죽살이 길을 헤매는 동안, 배움 없는 무식꾼이나 가난뱅이로 살아 남을 수밖에 없게 되었으니, 이것이 오늘의 역사적 현실임을 어찌하랴.

스위스의 노이호프에 세워진 페스탈로치의 비문이나, 승전보를 본국에 전하고자 백 리를 달려와 고하고, 숨 거둔 마라톤 용사의 비문은 오늘을 살아가는 우리에게 뜨거운 감동을 주고 있다.

삼국통일의 대업을 완수한 문무왕이 유언을 통하여, 동해바다 바위틈에 수장시킨 그 뜨거운 호국의 정신과 인도의 간디가 '나 죽거든 나의 육신을 화장하여 이 땅에 뿌려 달라.'던 그 정신은 과시욕에 눈이 어두운 사람들에게 부끄러운 교훈으로 새겨질 것이다. 하긴 서양사람들의 무덤에는 가끔 웃음이 터질만큼 익살스런 비문도 있다.

헤밍웨이가 죽은 아내를 위해 세웠다는 무덤 앞 비문에는 '조용히들 걸어가시오. 이 사람이 당신의 발자국소리에 놀라 잠을 깨는 날이면, 나는 또 이 사람에게 바가지를 긁힐 테니 말이오.'라고 씌어져 있는가 하면, '이 사람은 XX년 X월 X일 점심 한 끼를 절약하고 떠났음'이라고 씌어 있다니 죽은 사람의 업적이 내 명예일 수는 없다는 그들의 사실주의 가치관이 여실히 나타나 있다.

우리는 마냥 잘못되면 조상 탓이요, 조상의 벼슬을 나의 벼슬로 착각하는 나머지, 그 벼슬을 소 무릎뼈 우겨 먹듯 자랑하고 으쓱대기도 한다.

　그러나 인간은 어차피 한 평 남짓한 땅 속에 묻혀 갈 존재란 생각을 하면, 역사 앞에 경건해야 할 것이다. 그리고 한 줌 흙으로 돌아갈 미래를 위해서 떳떳한 유언을 남겨야만 할 것 같다.

　'인구가 늘어나고 있다. 그러니 땅이 좁아진다. 땅이 좁아지면 식량 걱정이 생기게 되기 마련이다. 그러니 내 무덤일랑 반 평 땅 속에 묻고, 비석일랑 세우지 마라.'라는 유언 아니면, '땅값이 오르고 있다. 도시 한복판 한 평 땅값이 수천만 원까지 치솟고 있으니, 내 몸은 화장하여 강물에 띄워다오.'라는 이런 유언 말이다. 어떤 땅 부자는 그가 소유한 땅을 오천만 국민에게 한 평씩 나누어주고도 남을 땅이 있다 하니, 이 역시 가진 자와 못 가진 자의 격차는 천양지차라 할 것이다. 그러나 생각해 보면 아흔 아홉 칸 고대광실에 산다 해도 그가 눈 감고 잠들면 한 평의 공간으로 족할 것이요, 천 석 만 석의 쌀이 곳간에서 썩어 나간대도 그가 먹을 한 끼니 밥은 한 줌의 쌀로 족하지 않으랴. 옛말에도 천불생 무록지인이요, 지불생 무명지초天不生無祿之人 地不生無名之草라 했으니, 그 글귀나 믿으며 살아가야 할 것 같다. 내 나이 벌써 일흔이니, 갈 날이 머지 않다.

　나는 눈 감기 전 유언으로 '빈손으로 왔다가 한 평 묻힐 땅이 없어 남의 땅에 묻혔으니, 훗날 저승으로 오거든 꼭 갚아 주겠소.'라고 새겨 달래야겠다.

5월이 열리는 뜨락에서

오랜만에 목발 짚은 몸을 엘리베이터에 싣고 내려가 현관 앞 콘크리트 난간에 몸을 기대고 섰다. 5개월 만에 처음 나가 본 바깥 세상이다.

나는 갑자기 비쳐오는 햇살이 눈부셔서 잠시 눈꺼풀을 덮었다. 6·25 때 3개월 동안이나 어둠 속에 갇혀 있다가, 석방되어 나오던 날의 그 눈부심처럼 노란 햇살이 내 눈을 자극한다.

동서남북으로 성벽처럼 가로막고 선 아파트 건물은 자로 잰 듯이 중앙 공간을 'ㅁ'자형으로 그려놓고, 15층 머리를 하늘 높이 추켜세우고 있다.

정원을 장식하기 위해 심어놓은 매실나무, 목련, 살구나무, 벚나무는 어느새 꽃이 지고 그 가지마다 파란 잎이 앳되게 돋아나고 있다.

'잘 자랄 나무는 떡잎 적부터 알아본다.'는 말이 있지만, 이곳 정원의 나무들은 신선한 기맥을 그렇게 선명히 틔워내고 있다.

햇살이 쏟아지는 'ㅁ'자 정원은 오늘따라 훨씬 그 공간이 넓어 보인다. 해질 무렵이면 몰려들어와, 입추의 여지도 없이 꽉 자리를 메웠다가도, 이튿날 아침이면 어디론가 떠나가 버리는 자가용들이, 오늘 아침에도 그렇게 떠나버리곤 빈터로 남아 있어 허허롭다. 그리고 귀가 시끄럽도록 재재거리던 개구쟁이들도 학교를 파하는 오후가 되어야만 다시 모여들 참이니, 아파트촌의 아침 시간은 언제나 한적하다.

내 시선이 강렬한 햇살을 저항하며 몇 번을 껌벅거리고 났을 때, 저쪽 길로 엄마의 손목에 매달려 걸어오는 아가의 모습이 눈에 들어왔다. 키로 보나 걸음걸이로 보나, 돌을 갓 지나 한두 달쯤 된 어린아이다.

새까만 눈동자에 입은 헤벌어지고, 두 팔을 휘두르며 뒤뚱뒤뚱 걸어오는 그 아이는 금방이라도 넘어질 듯 불안전한 행보를 계속한다. 쪼작쪼작 걷는 그 발자국이 귀엽고 대견스럽다.

아이는 한참 동안 엄마의 팔에 매달려 걸어오고 있었는데, 어느 사이에 엄마의 손길을 떠나 저 혼자 걸음마를 계속하고 있다. 엄마가 은연중에 잡았던 손을 놓아준 모양이다.

무의식 속에서 피어난 아가의 이 신통한 재주는, 마치 가볍게 날아오른 한 마리 나비다. 엄마의 보호에서 벗어났다는 위험부담이나 공포심 같은 것은 아예 그의 의식 속에선 피어나지 않는다. 그저 엄마의 손에 의지하여 마음놓고 걷고 있다는 생각과, 그렇게 걸어 보던 경험들이 무의식중에 자력으로 발동한 기능이요 동작일 것이다.

아장아장 걸어나가던 아가는 문득 제 몸이 의지처 없이 혼자라는 것을 감지했는지, 금방 비틀거리며 앞으로 넘어졌다. 자립심과 의타심 사이의 차이란 바로 이런 것일까? 엄마의 손에 매달려 있다고 의식했을 땐 잘도 걸을 수 있었던 아이가 엄마를 떠나 있다고 느끼는 순간 그만 그 자리에 넘어지고 만 것이다.

엄마는 얼른 아이를 품안으로 거두어 올리며 백옥빛 포동한 뺨에 그의 입술을 찍는다. 대견스런 아들의 성취를 만족한 가슴으로 포옹한 모성애일 것이다. 그러나 아가는 잠시 후, 다시 몸을 비틀며 발버둥을 치기 시작한다. 엄마의 품에서 벗어나고 싶은 자유에의 의지이자, 재 체험에의 도전일 것이다.

엄마는 알아챈 듯이 아이를 다시 땅 위에 내려놓는다. 아가는 좋아라고 해득거리며 걸음마를 시작한다. 그리고 아장아장 대여섯 걸음을 걸어나가다가 멈춰서선, 따라오는 엄마를 뒤돌아본다. 엄마는 재빨리 아가 곁으로 다가가서 그의 손목을 잡으려 하지만, 아이는 손을 뿌리치고 다시 몇 걸음을 걸어다니다가 두 손을 짚고 또 넘어진다.

그 순간 어디선가 손뼉 치는 소리가 들려왔다. 돌아다보니 옆 라인 현관 앞에 서 있던 두 여자의 손뼉소리였다.

아마 그들의 눈에도 아가의 걸음마 모습이 무척이나 귀엽고 대견스러웠던 모양이다. 아가가 넘어진 자리에서 엄마는 벗겨진 꽃신을 주워 올려, 그의 발에 신기고는 토닥토닥 볼기짝을 두들겨 준다. 파란 떡잎을 스치며 흐르는 바람결이 사르르 아가의 머리칼을 흔들며 지나간다.

이 세상에 태어난 아가는 엄마의 품에 안겨 젖을 먹고 자라나면서, 스스로 엎치기를 시도하다가, 그 엎치기가 성공되면 이어 기엄질을 시도하고, 기어다니기가 익숙해지면, 다시 일어서기를 시도한다. 그리하여 그 작고 좁은 발바닥으로 이 땅을 딛고 설 수 있게 되는 것이다. 이런 과정이야말로 인간이 누구나 겪는 발달 단계이자 처음 이룩하는 성취의 기쁨일 것이다.

나는 지금 다섯 달째 발목을 묶여 살고 있다. 수술한 발목이 제 구실을 다하기까지는 아직도 세월을 요한다 하니, 정녕 나의 하루하루는 지루하고 따분하다.

계절이 두세 번이나 바뀐 모양인데, 겨울이 언제 지났는지 꽃이 언제 피었다 졌는지 누워서 세월을 보냈다.

뛰고 싶고, 날고 싶은 일상의 의식이 밤마다 꿈결 속을 뛰고

달리다가, 찌르릉 발목에 통증을 일으켜, 소스라쳐 비명을 지르며 눈을 뜨면, 그것은 잠시 동안 성취의 기쁨으로 벅찼던 허망한 꿈이었다.

오늘은 누구도 모를 내 답답한 가슴을 펼쳐보고 싶어 현관까지 걸어나왔다. 목다리를 의지하고서라도 이 발목에 힘을 쌓아야 하겠다는 생각에서였다. 그것은 아까 정원 길을 걸어나가던 아가의 걸음마 연습처럼, 나도 그렇게 넘어지며 비틀거리며 홀로서기를 시작해야 한다.

초록빛 산천이 싱그러운 풀내음을 풍기는 이 5월의 한낮. 내 육신에도 신록처럼 새로운 생기가 돋아났으면 하는 바람을 안으며…

보리밭

우수 경칩이 지나면 날씨는 완연하게 봄기운이 돈다.

겨우내 얼어붙었던 땅이 3월 햇살에 풀리면서 밤비를 촉촉이 맞고 선명한 초록빛을 발산한다.

약한 바람결에도 파르르 흔들리는 보리 싹, 그 여리고 가냘픈 숨결이, 모진 겨울을 이겨낸 인종이 무척 대견스럽다.

지난 해 11월, 고구마를 캐낸 비탈 밭을 갈아엎고 소중히 보존해 온 보리 씨앗을 뿌렸다. 우리 토종의 참보리 씨앗이다.

보리는 밑거름을 많이 탐하는 놈이라서, 이랑마다 두둑이 밑거름을 주어야 한다.

날마다 지천으로 쌓이는 소, 돼지의 분뇨는 흙과 버무리면 그처럼 좋은 밑거름이 없다. 비료의 3요소가 골고루 함유되어 있기 때문이다.

한 꺼풀 두툼히 거름을 집어넣고, 그 거름 위에 두세 치 두께의 흙을 덮은 뒤에 씨앗을 뿌려야 하는데, 이 낙종落種에도 상당한 수련이 필요하다.

잘못 뿌리면 군데군데 벤 곳이 생기거나, 성글게 떨어져 씨가 고루 서지 않기 때문이다.

씨앗을 뿌리면 한 꺼풀 흙을 뿌려 주어야 하는데, 너무 깊이 묻히면 싹이 더디 트고 너무 얕게 뿌리면 뜻밖의 가을비에 흘러버려 싹이 트지 않게 된다.

보리농사는 겨울에 눈이 많이 내려야 풍년이 든다는 속설이 있다. 얼핏 생각하면 어린 싹이 추위에 얼어죽을 것 같지만, 사실은 그게 아니다. 많이 내린 눈은 이불처럼 보리 싹을 덮어 주어 강추위를 막아 주고, 겨울 가뭄을 적셔 주는 급수 역할을 한다.

2월이 열리면서 농부들은 보리밭 걸구기에 바쁜 일손을 놀려야 한다. 비료가 귀하던 그 시절에는 겨우내 쌓인 인분이나 가축의 분뇨를 거둬다가 보리밭에 뿌려 주었다. 보리밭도 걸구고 뒷간도 청소하는 일거양득의 작업이었다.

물지게로 물통을 지어 나르듯 거름통을 지고 먼 밭까지 왕래하던 아버지의 모습이 떠오른다.

일터에서 돌아오신 아버지의 몸에서는 밤새 인분 냄새가 걷히지 않았다.

보리가 싹이 나고 잎이 벌기 시작하면, 보리밭 밟기를 빼놓지 않으셨다. 해동이 되어 흙이 부풀어 오면 보리뿌리가 들뜨기 때문에 착근이 잘 되도록 보리 이랑에 흙을 뿌리고 짚신발로 밟아 주어야 한다.

나는 아버지를 따라 보리밭 밟기 작업에 간 적이 있었다.

당 너머 개똥받이 밭엔 보리 싹이 파랗게 돋아 오르고 있었는데, 이렇게 잘난 보리싹을 왜 밟아 주라 하는지 나는 그 이유를 알 수가 없었다. 어린 잎사귀들이 발길에 밟히어 짓이겨지면 보리농사는 망쳐 버릴 것이란 생각이 들었는데도 아버지는 아랑곳하지 않는 눈치였다.

아버지께서는 오히려 내가 밟아 나간 이랑을 보시곤 "그렇게 밟아서 어디 착근이 되겠느냐?"고 책망하셨다.

아버지와 형이 밟아 나간 이랑은 보리 싹이 차분히 가라앉아 있었지만, 내가 밟아 나온 이랑은 보리 싹이 엉성하게 서 있었다. 그렇지만 나는 보리 싹이 이그러질까 조심스러워 살금살금 밟아 나갔다.

보리가 자라면서는 잡풀을 제거해 주어야 하고, 그물망 달린 글겡이로 두덕의 흙을 긁어 잎 사이에 뿌려 주어야 포기가 불어난다. 이렇게 공들인 보리밭은 하지가 지나서야 거두어들이게 되지만, 아름답게 떠오르는 내 소년 시절의 보리밭 풍경은 역시 5월이어야 제격이었다.

바람이 흘러갈 때마다 파랗게 물결치는 5월의 보리밭. 내 키만큼 우거진 보리밭 이랑에는 종달새가 어느새 둥지를 틀고 알을 낳았다. 푸른 하늘 높이 떠서 지지골 지지골 노래 부르던 종달새. 그것은 보리밭이기에 더한층 운치를 돋우었다.

 그러나 길고 긴 5월의 하루는 배고파 허덕이는 우리들에겐 참기 어려운 계절이기도 했다. 그 눈물겨웠던 농촌의 보릿고개.

 가끔 보리피리 소리가 들려왔지만, 그것은 부는 사람이나 듣는 사람 모두에게 슬픈 가락으로만 들려왔다.

 보리 이삭이 누렇게 익어 가는 6월이 되면 우리는 학교길이 무서워 삼삼오오 떼를 지어 다녀야 했다. 어느 마을 아이가 문둥이에게 잡혀 먹혔다는 소문 때문에, 우리는 발자국소리를 죽이고 보리밭 길을 살금살금 지나다녔다.

 그 후 내가 중학생이 되었을 때에야 그런 소문은 모두 헛소문임을 알았고, 내 손에 들어온 한하운 시집은 사춘기였던 나의 감성에 찢어지는 아픔을 주었다.

 '보리피리 불며 봄언덕/ 고향 그리워 필닐니리/ 보리피리 불며 꽃청산/ 어릴 때 그리워 필닐니리…'로 이어지는 〈보리피리〉는 문둥이 시인의 한맺힌 부르짖음이었다.

 '나는 문둥이가 아니올시다/ 아버지가 문둥이올시다/ 어머니가 문둥이올시다/ 나는 문둥이 새끼올시다'로 이어지는 구절에 이르러서는 참았던 눈물이 와르르 쏟아져 내렸다. 그리고 우리는 쓰디쓴 보릿고개를 넘기면서도 이 불행한 시인을 생각하며 나의 그 어려움을 참고 견뎠던 것이다.

그렇게 서럽던 보릿고개요, 그리도 아름답던 보리밭 풍경이 산업화 바람에 점점 사라져 가고, 수익성 높은 특용작물 재배 쪽으로 눈길을 돌리고 있다. 그리하여 외국산 농산물이 판을 치는 바람에 우리의 쌀보리와 참밀의 씨앗은 찾아보기 힘들게 되었으니 주객이 전도된 세상이 되었다.

나는 다시 시작하는 마음으로 이 비탈 밭에 우리의 밀과 보리 씨앗을 뿌렸다. 수확고야 어찌 되었든, 우리의 순종 씨앗을 가꾸어 널리 보급해 주고 싶은 것이다.

마을 사람들은 "요새 밀, 보리를 갈아서 무슨 소득이 있겠느냐?"고 의아한 시선을 보냈지만, 나는 멸종되어 가는 우리의 씨앗을 길이 보존하고 싶어 굳이 이런 고집을 세운 것이다. 점점 우리 것을 외면하고 살아가는 오늘날, 입맛에도 맞지 않는 외국 농산물을 사들이는 것은 값싸게 사들여 국산품으로 속여 팔음으로써 큰 이익을 남기려는 상도덕의 추락에 그 원인이 있다 할 것이다.

그러면서도 우리 보리밥의 향수를 못 잊어 가끔씩 보리밥집을 찾아가거나, 참밀국수를 먹으러 찾아다니는 것은 또 얼마나 모순된 심산일까?

나는 오늘 내가 뿌린 보리밭에 나가, 봄 들자 파랗게 생기 흘리는 보리밭을 바라보며 그 시절 그 보리밭의 풍경을 되새겨 보고 있다.

■ 연보

호 논강論江, 1931년 10월 5일 충남 논산 출생.

• 학력 및 경력

강경상업고등학교 졸업.
초(54년)·중(58년)·고(59년) 교사자격 검정 3개 부문 합격.
1951~1954.　　　성인교육 공민학교 강사.
1954~1961.　　　광석초등학교 교사.
1963~1969.　　　논산 대건고 교사.
1969~1973.　　　천안농고, 강경상고 교사.
1973~1984.　　　삽교중, 부여여고, 강경상고, 대전고, 동대전고 주임교사.
1984~1985.　　　예산군 덕산고 교감.
1985~1990.　　　충남교육연구원 연구사, 충남교육위원회 장학사.
1990~1996.　　　홍동중, 강경여중, 조치원중 교장.
1996~1997.　　　논산고등학교 교장(97년 2월 퇴임).
1997~2002.　　　논산문화원 부원장 역임.

• 문단경력

1948.　　　제1회 남녀 중학생 문예작품 현상공모에서 수필 〈뻐꾹새 우는 내고향〉 당선.
1949.　　　제2회 남녀 중학생 문예작품 현상공모에서 시조 〈제삿날〉이 당선(전국 학도호국단 주최).

1972.	월간 ≪수필문학≫에 수필 〈동심의 산〉, 〈오작교의 의미〉로 등단.
1984.	≪현대시조≫에 〈목련〉, 〈여승당〉, 〈경칩〉 등으로 시조시단에 오름.

• 문단활동

1965~1971.	황산벌문학회장(초대, 2대) 역임.
1969~1973.	충남한얼문우회 부회장 역임.
1973~1982.	한국수필문학진흥회 회원 역임.
1975~1995.	호서문학회 이사.
1979~1985.	충남수필문학회 초대, 2대, 3대 회장 역임.
1981~현재.	한국문인협회 회원.
1982~현재.	한국수필가협회 이사.
1983~1988.	한국신문예협회 이사.
1985~1992.	한국현대시조시인협회 이사.
1986~현재.	한국시조시인협회 회원.
1987~1992.	한국전쟁문학회 이사.
1988~현재.	한국불교문인협회 이사.
1988~현재.	한국수필문학회 편집위원 및 고문.
1989~1992	한국불교문인협회 대전·충남지부장 역임.
1990~현재.	국제펜클럽 한국본부 회원.
1992~2004.	한국문협 논산지부 1, 2, 3대 회장 역임.
1992~1994.	한국예총 초대 논산지부장 역임.
1994~1996.	대전시조시인협회 제3대 회장 역임.

1996~현재.	한국농민문학회 회원 및 이사.
1996~2001.	수필과비평 편집위원 역임.
2005~2006.	한국시조시인협회 이사 역임.

• 저서

1971.	교단수필집 창간 《교단의 미소》.
1972.	교단수필집 제2집 《교단의 여백》.
1974.	교단수필집 제3집 《교단의 메아리》.
1975.	5인 수필집 《소부리의 대화들》 (공저).
1977.	10인 수필집 《등 너머 푸른 숲엔》 (공저).
1978.	제1수필집 《정한 나무의 연륜》.
1981.	제2수필집 《비둘기 하늘에 날을 때》.
1984.	《수필은 어떻게 쓸 것인가》 (공저).
1984.	논픽션 《아, 영원한 그 목소리》.
1984.	한국명수필의 이해와 감상집 《가랑잎만 한 무게로》 (공저).
1984.	《세계명작의 이해와 감상》 (공저).
1985.	11인 산문집 《동행인의 어떤 날》(공저).
1986.	제3수필집 《정과 한을 다듬는 소리》.
1986.	《에세이 새물결》(공저).
1987.	《에세이 새물결》(공저).
1987.	제1시조집 《출항의 아침》.
1990.	제4수필집 《사랑이 맞닿은 지평》.
1993.	제2시조집 《산울음 담은 강물》.

1995.	제5수필집 ≪강촌에서 띄우는 사연≫.
1996.	제3시조집 ≪아, 나의 산하여≫.
2000.	제6수필집 ≪돌 하나도 짐이 될세라≫.
2000.	제4시조집 ≪지등 하나 걸어놓고≫.
2001.	제7수필집 ≪태초가 그리운 시절≫.
2004.	제5시조집 ≪새 생명의 아침≫.
2005.	가족문집 ≪쑥잎의 찬가≫.
2007.	제6시조집 ≪굴렁쇠 세월≫.

• 수상

1975. 10.	장학지도 결과 우수교사 표창(교육감).
1979. 12.	방송통신고등학교 운영공로 표창(문교부장관).
1984. 12.	한국신문예협회 문학상〈수필부문〉 (한국신문예협회장).
1985. 9.	대전시민의 상〈문학부문〉, (대전시장).
1986. 9.	모범 교육공무원 표창(문교부장관).
1988. 11.	통일문예지도 공로상(통일원장관).
1992. 11.	대일비호 대상 〈교육문화 부문〉 (대전일보 사장).
1993. 5.	한국교육자 대상 〈스승의 상〉 (한국일보 사장).
1995. 7.	한국수필문학 대상 (월간수필문학사장).
1997. 2.	국민훈장 동백장 수상 (대통령).
1997. 11.	호서문학상 (호서문학회).
1998. 10.	충남문화원 연합회장상 수상 (충남문화원 연합회).

1998. 12	한밭시조문학상 (대전시조시인협회).
1999. 11	충청문학상 본상 (충청문인협회).
2003. 3	한국불교문학상 본상 (한국불교문학회).
2005. 2	논산문화예술 대상 (한국예총논산지부).
2005. 6	원종린수필문학 대상 (원종린문학상 시상위원회).
2007. 6	충남펜문학상 (충남펜문학회).
2007. 10	소월문학상 (새한국문인회).

현대수필가 100인선 · 45
김영배 수필선

떠나간 자리의 뒤처리

초판인쇄 | 2008년 9월 15일
초판발행 | 2008년 9월 20일

지은이 | 김 영 배
펴낸이 | 서 정 환
펴낸곳 | 좋은수필사

주　소 | 서울시 종로구 익선동 30-6
　　　　운현신화타워 빌딩 3층 305호
전　화 | 02)3675-5635, 063)275-4000
등　록 | 1984년 8월 17일 제28호
홈페이지 | http://www.shin-a.co.kr
e-mail | essay321@hanmail.net

값 7,000원

ISBN 978-89-5925-314-2　04810
ISBN 978-89-5925-247-3　(전 100권)

* 저자와 협의하여 인지는 생략합니다.
* 잘못된 책은 바꿔 드립니다.